U0906118

绩效

淘汰 KPI 的 3A 目标管理

3A TARGET MANAGEMENT FOR ELIMINATING KPI

周子人　周　玮◎著

中国财富出版社

图书在版编目（CIP）数据

绩效：淘汰KPI的3A目标管理／周子人，周玮著．—北京：中国财富出版社，2019.6

ISBN 978－7－5047－6948－0

Ⅰ.①绩…　Ⅱ.①周…②周…　Ⅲ.①企业绩效－企业管理　Ⅳ.①F272.5

中国版本图书馆CIP数据核字（2019）第117133号

策划编辑　谢晓绚　　**责任编辑**　张冬梅　吴婉素

责任印制　梁　凡　郭紫楠　　**责任校对**　卓闪闪　　**责任发行**　张红燕

出版发行　中国财富出版社

社　　址　北京市丰台区南四环西路188号5区20楼　　**邮政编码**　100070

电　　话　010－52227588转2098（发行部）　010－52227588转321（总编室）

010－52227588转100（读者服务部）　010－52227588转305（质检部）

网　　址　http://www.cfpress.com.cn

经　　销　新华书店

印　　刷　北京京都六环印刷厂

书　　号　ISBN 978－7－5047－6948－0/F·3033

开　　本　710mm×1000mm　1/16　　**版　　次**　2019年7月第1版

印　　张　13　　**印　　次**　2019年7月第1次印刷

字　　数　181千字　　**定　　价**　46.00元

前 言

随着时代的发展，企业、组织对先进的管理方法有着更加强烈的追求。国内某知名企业董事长认为：“21 世纪，企业之间的竞争并不是产品和技术的竞争，而是管理的竞争。哪一家企业能够拥有更优秀、更具生命力的管理模式，哪一家企业就能立足市场。”这句话的意思，并不是告诉大家产品、技术、服务不重要，只是特意强调管理在企业发展中的重要地位。有些企业引入“阿米巴管理”取得了不错的经营效果；有些企业借助“精细化管理”解决了管理不到位的问题；还有许多企业则是通过绩效管理的方式提高了绩效，破解了迟迟不能打开管理局面的难题。在这些管理模式中，绩效管理是一颗耀眼的明星。

绩效是什么呢？事实上，绩效并不是“高大上”的东西，如果我们把“绩效”二字拆开，就是“绩”和“效”，“绩”就是成绩、业绩，“效”就是效率、效果、疗效；如果把两个字结合起来，就是追求“高效率、好成绩”。因此，绩效体现的是卓越的成绩、出色的营销结果、高效的运营、激励人的奋斗目标、极具活力的用人机制等。但“绩效”不是“鸡汤”，而是实实在在的东西。绩效管理团队并不容易实现，或许要费尽心思才能做到。如今，绩效管理模式各种各样，但每一种方式都有自己的优缺点。

当前，最常见的绩效管理模式有四种，分别是 KPI、BSC、OKR、

KSF。KPI也叫关键业绩指标，这是一种“具体量化”的绩效指标管理模式，它的关注点是“关键指标”和“二八定理”，KPI绩效管理法看上去很美，实际上却难以落实；BSC也叫平衡计分卡，它主要强调“四个维度”的动态平衡，缺点是它不能单独运行，需要KPI、KSF的辅助；OKR也叫目标与关键成果模式，是一种“目标管理”法，缺点在于“缺乏激励”；KSF是关键成功因子法，也叫薪酬全绩效管理模式，但是该绩效管理方法只适用于中小型企业。以上四种绩效管理模式中，最有名、应用面最广的恐怕还是KPI，但是业内逐渐形成了一种共识，KPI已经过时了，它除了“秋后算账”之外，完全“一无是处”。许多企业总是重视“硬性指标”的东西，最终却忽略了“绩效改善”。事实上，“绩效改善”才是绩效管理的核心。

3A绩效目标管理是一项独创的、侧重操作方法而不纠缠理论的绩效管理方法，它以实用性和规范性为导向，更加符合企业现实，它将从3A（Aim：目标；Appraise：考核；Ameliorate：改善）三个角度，解析绩效管理，将绩效目标与改进相联结，考核与改进相挂钩。3A绩效目标管理首次把绩效作为绩效目标的重要组成部分，并纳入考核标准，实现“目标—考核—改进—目标”的良性循环，彻底解决空设指标没有计划，空有考核没有改善的困境。3A绩效目标管理系统是一种能够“落地”的绩效管理系统，它不仅拥有现代管理基因，而且易于操作，十分钟就可以“落实”，是一种非常值得推广的绩效管理新方法。

在本书中，我们还会多次提到“复盘”与“萃取”。复盘是一种“过程思维”，通过回顾事件、发现问题、总结经验、付诸实施并改进过程的方式对绩效管理进行升级。“萃取”则是对“复盘”工作的进一步细化，并形成新的管理经验。“萃取”的终极目的是内化吸收，让人们掌握一项提升绩效的“技能”。“复盘”与“萃取”是3A绩效目标管理的好帮手。

本书采用简单易懂的语言，把3A绩效管理系统的“精髓”传达给读者，让读者了解并掌握这种绩效管理方法，从而能将其熟练运用到实际管理经营中。同时，作者还要感谢出版社同人的鼎力支持，在他们的帮助下才得以让本书与读者见面，与此同时也希望该书能够给广大读者和企业管理者带来帮助。

目　录

PART 1　绩效管理的定义及现状

PART 3 为管理指明目标方向的 3A 绩效体系

PART 4 为管理提供考核标准的 3A 绩效体系

PART 5　为管理呈现改善要素的3A绩效体系

PART 1

绩效管理的定义及现状

第一章　绩效管理的概念和意义

一、绩效管理的定义

在一个企业里，老板总希望自己的企业能够得到快速成长。“成长”一词涵盖许多方面，有企业规模的成长，有技术力量的成长，还有品牌文化的成长。一家成熟的、优秀的企业，通常拥有着强大的资金、科学的管理、优秀的人才和良好的产品。在这几个要素中，科学的管理似乎更加重要。

有一位企业家说：“管理企业并不是一件容易的事情，不但需要拥有前瞻性的眼光和科学且果断的决策能力，而且需要借助一套科学的管理方法。”如今，管理方法五花八门，绝大多数都打着“科学”二字，但到底“科学”与否，却很难说。只有经过充分验证的管理方法，才能称为科学的管理方法。在这些管理方法中，绩效管理是最有名的。绩效管理的概念很容易理解，简言之，绩效管理是管理者与员工为了达到一个既定目标而一起策划并参与制订的绩效计划、绩效辅导、绩效考核与绩效反馈，并因此形成的一个管理循环。

什么是“绩效”呢？绩效就是“业绩”与“效率”的结合，或者“成绩”与“效果”的结果。如果做出了成绩，但是效率却非常低下，这便不是绩效。

有一家化肥厂，每年可以生产20万吨化肥。后来，这家化肥厂打算通过管理的方式提高产量，并制订了年生产25万吨化肥的生产目标。为了实现这个目标，该化肥厂采取了绩效管理，年生产25万吨化肥就是该工厂制订的绩效目标。在工厂上下一起努力的情况下，第二年这家化肥厂生产了27.7万吨化肥，超过了绩效目标。由此可见，该化肥厂采取的绩效管理方法是非常奏效的。如果没有达到目标，这家化肥厂采取的绩效管理方法就是失败的。

绩效管理是一个“环”，在这个“环”里有四个环节，即绩效计划、绩效指导、绩效考核与绩效反馈。

1. 绩效计划

绩效计划等同于一个“契约”，这个契约是由企业的管理者和员工共同制定的。当然有人会反驳：“先生，您说得不对吧！在一个企业里，都是老板制订的计划，哪里有员工参与啊？”这样的疑问是普遍存在的，但没有经过协商而单方面制定的“契约”是不符合绩效管理要求的。换言之，老板直接下命令的计划并不是“绩效计划”。只有经过协商一致通过的计划，才是绩效计划。绩效计划要体现协商一致原则、突出重点原则、可行性原则、全员参与原则、客观公正原则、综合平衡原则、激励原则等。

2. 绩效指导

绩效指导并不是绩效管理环节中的一个点，而是贯穿整个绩效管理过程的线，这条线也是一个“环”。所谓“指导”，我们应该这样理解，指导等同于给出执行方向。比如，某些员工在执行任务过程中，因职权受限而无法继续执行，此时就需要上司进行授权；再比如，有些员工因技术等方面受限而无法进一步执行任务时，相关人员要在技术方面对员工进行帮助。如果说，绩效计划是绩效管理的起点，那么绩效指导就是贯穿绩效管理的一条道路。如果绩效指导不及时，就会导致该“道路”堵塞，绩效管理也就无法继续实施。

3. 绩效考核

只有绩效目标而没有绩效考核，最后的结果很有可能是永远无法实现目标。举个例子：有一个公司开展绩效管理，但是这个公司只有绩效目标而没有绩效考核。员工没有干劲儿，依旧像过去那样“混日子”；领导则担心得罪员工而没有执行考核计划。最后的结果是，该公司不但没有实现绩效目标，甚至还没达到去年的经营业绩。考核是一种管理，更是一种制度，它能够督促大家，激励大家去完成自己的任务。因此，绩效考核能够促进员工成长，激发员工干劲儿，从而实现绩效目标。

4. 绩效反馈

古人常说：“一日三省吾身。”只有常常自我反省的人，才不会犯同样的错误。绩效反馈的目的也是如此，它的目的就是对整个绩效过程做出评价。比如，绩效结果落实到位，说明该绩效管理系统是良好的，相关人员可以萃取相关的成功经验，然后把经验推广开来；绩效结果没有实现，则说明该绩效管理系统是存在问题的，这就需要企业上下认真总结、找出原因，并做出客观评价。绩效反馈的主要功能就是对绩效管理系统进行评价、优化，绩效反馈同样也是绩效管理系统中的一个重要环节。

一家企业想要做好绩效管理，就需要将绩效计划、绩效辅导、绩效考核、绩效反馈落实到位。只有这样，才能做好绩效管理，并能真正体现出绩效管理的作用和意义。

二、绩效管理的本质

绩效管理是企业管理人力资源中的重要一环，当下绝大多数的企业都在使用绩效管理策略。甚至有企业家说："绩效管理是'管理员工'的最重要的方式，员工通过绩效管理获得能动性，企业通过绩效管理得到自己想要的利润。"对于中小型企业而言，绩效管理似乎又过于"严肃"了。于是有人问："绩效管理真的如此重要吗?"事实上，绩效管理是非常重要的一项管理，它能够在企业中发挥关键性的作用。如果我们用简单的词语去总结绩效管理的本质，那么便是"绩效管理 = 责任 + 利益"。

我们如何对责任和利益进行解读呢? 责任，体现管理的效果。有一位企业家说："管理的其中一个重要目的就是培养员工的责任感和责任意识。员工有了责任心和使命感，就能够认认真真工作，严格地对自己的岗位工作进行把关。""管理之神"松下幸之助曾经认为："管理即人。"一个企业想要追求并获取优质的管理格局，赋予员工强有力的责任感是必不可少的。很多时候，一个企业会因"员工缺乏责任心"而形成一种松散的、不可控的管理局面。因此，企业管理者常常提到"责任"一词时，并不是信口开河，而是一种管理赋能的方式。

责任还包含哪些元素呢? 责任还包括职责、义务、成果。职责，并不是企业所赋予的，而是社会所赋予的。当一个人进入一家公司，公司还会对员工进行岗位职责的二次赋予。换言之，职责就是一种岗位工作责任，严格按照规章制度、考核目标进行工作，就是一种恪守职责的行为。义务，就是一个人无条件需要完成，或者需要承担后果的强制性行为。更多时候，员工在享受权利的同时，也要尽到自己的义务。为什么我们把义务单独拿出来解释呢？原因在于，义务是“义不容辞”的，也是一种责任。另外，责任还包括成果。所谓成果，就是通过岗位工作所完成的结果。成果具有多方面的特性，既有物质成果，也有精神成果。物质成果，即实现的物质目标，其中绩效考核主要以物质目标为主。比如一名员工有企业部门分配的任务，而这个任务就是利润目标或者生产目标，员工完成目标，等同于实现劳动成果。精神成果，即实现的精神目标，精神目标属于心理学范畴内的目标，一个人如果能够超预期完成任务，也会获得相应的心理上的快乐，从而使自己的精神需求得到满足。

利益都包含哪些元素呢？对于一个企业而言，利益既包括经济利益，也包括社会利益，还包括品牌利益等。一个企业追求的终极目标就是“利益最大化”。某知名企业董事长认为：“一个企业在追求终极利益的同时，还需要不断夯实责任，在‘责任’的保驾护航下，企业才能够实现这一目标。”如今，许多企业过于重视利益，而不重视“企业责任意识”的搭建。当企业发展到一定的阶段，就会遭遇发展瓶颈。换句话说，责任与利益是相辅相成，缺一不可的。一个企业进行绩效考核的出发点，就是利益。比如，某企业进行绩效考核，制订的总目标是年销售额1亿元，利润1500万元，如果企业各部门能够完成企业制订的绩效总目标，就会有年终奖励，否则将会取消。由此来看，绩效管理是一种以“利益目标”为核心的管理方式，在这个方式中，既有奖励机制，也有惩罚机制。奖罚并不是绩效管理的目标，而是手段，即通过奖罚增强一种强制性，从而让企业员工获得责任意识。

除了责任、利益之外，还有一个元素非常重要，它就是技能。有人问：“难道技能也是绩效管理体系内的一个元素吗？”事实上，如果一名员工没有熟练的技术，也就无法快速、高效地完成自己的工作。工作技能越熟练，工作效率就越高，绩效效率也就越高，绩效管理的质量也就会越高。工作技能专业程度的提高，也会带来绩效效果的提升。因此，当下诸多企业都把“技能”放在绩效管理体系中。比如，有一家著名的公司非常重视“员工技能”环节，于是将技能考评和技能培训两大部分纳入绩效管理体系中。技能考评，就是每年、每月或者每个阶段对员工进行工作技能评价，并对技能能手给予物质、精神、政治等方面的奖励；技能培训，就是企业每年定期对员工进行技能提升培训，通过课程培训等方式提升员工的专业能力。

总之，绩效管理的本质是责任、利益，而技能则是责任与利益的“催化剂”。一家企业只有了解了绩效管理的本质，才能够开展绩效管理工作。

三、绩效管理的三大环节

绩效管理是一种科学的、有目标的、可考核的、可衡量的管理方式，管理者借助绩效管理可以打开多个维度的管理局面。通常来讲，绩效管理能够打开五个维度的管理局面，即目标管理、流程管理、人力资源管理、监督管理和结果考核管理。

目标是一个企业发展的计划和方向，企业有了目标才会有发展的“航标”和“灯塔”。众所周知，目标是导向结果的指南针，没有目标，企业的发展也就没有方向。流程是一种可以摆脱“人为因素”的科学管控方式，许多企业借助科学有效的管理、流畅的执行流程提高了管理效率，从而减少了人为因素带来的主观影响和阻力，而绩效管理流程与其他管理流程的结合，更能体现管理的严谨性。人力资源管理是绩效管理的一个重要“分支”，绩效管理的本质是“管好人、用好人”。如果一家企业能够将科学的绩效管理落实到位，也就能够打造出一套科学、高效的人力管理体系，为企业打造人才智库。监督管理不仅仅是“监督”，更重要的是一种“建立健全职业意识”的形式，借助监督的形式矫正并规范员工的职业行为，继而让员工形成良好的职业习惯。结果考核管理是绩效管理的重点，它也为企业的科学奖罚提供了依据。有一位管理专家认为：“完成目标者奖励，完不成目标者惩罚……这已经是企业管理的不二法则。”奖罚有度，奖罚分明。科学奖罚不仅能够起到激励作用，而且能够给企业营造出一种良好的内部竞争氛围。

绩效管理不仅能够打开五个维度的管理局面，而且具备三大基础环节，即制订计划、监督辅导、评估考核。

1. 制订计划

一个企业的发展离不开计划，计划并不是打草稿，而是一种有目的、有规划的战略部署。有权威机构统计，85%的成功企业都在按照“标准”进行各种计划的制订和计划目标的分配。

绩效计划不是一种常规计划，其具备可衡量、可分解、可执行、可评估、可考核的特点。

衡量。如果一个计划无法被衡量和测定，这样的计划就是一种笼统的计划，无法给管理者带来良好的管理效果。

分解。如果一个计划不能够被分解，也就无法将计划和目标层层落实到人，也就无法体现科学管理的有效性。

执行。如果一个计划无法进行执行，这样的计划是无效的。绩效计划是一种可执行的计划，它不是高高在上、不符合实际的评估计划，而是一种“脚踏实地”的、合乎现实的科学计划。

评估。只有有计划地进行阶段性和终点性的评估，绩效管理才能进行不断调整、不断优化、不断提升。

考核。绩效计划的考核特点从某种程度解释了绩效的科学有效性，但绩效管理的目的不是考核，而是通过考核的方式实现企业利益的增加和企业品牌的提升。

2. 监督辅导

绩效管理的其中一个核心环节便是监督。所谓监督，就是借助绩效管理的手段约束员工的行为。比如，有一些员工的自我约束力不强，在岗位工作中表现出不够职业的行为。绩效管理是从绩效目标出发，借助相应的奖罚手段规范员工的工作行为，监督员工的日常工作。如果一家企业仅仅是监督而不进行绩效管理，也会失去监督的意义，让管理失去弹性。

绩效管理的另一项内容是培训。有人问："如何才能够提高绩效执行力呢?"许多管理者会给出这样一个答案：职业技能、综合职业素养、心理状态。事实上，许多企业为了提高绩效管理的质量，都会想尽一切办法对员工进行科学培训，并安排培训课程。

3. 评估考核

评估是绩效管理的一个重要方面，它是一种对企业管理的阶段性和最终结果性的测评，也是对员工和管理者的工作质量、工作方式、工作行为的测评。通过科学评估，找到管理中存在的各种问题。评估的目的是改进和创新，而考核同样具备这样的激励作用。一个企业，应对员工的工作成果进行检验，借助目标给员工一个客观的、公平的评价。评价结果，也常常与员工的晋升有紧密的关联。

除了以上三大环节之外，绩效管理还可以帮助企业形成一个科学的、具有生态意义的管理环境，并让一家企业形成绩效计划、绩效辅导、绩效考核、绩效反馈的管理循环链条，从而提升企业的综合管理能力。

四、绩效管理的三个作用

绩效管理是一种手段，更是一种方式方法。绩效，即业绩与效果的合一，因此绩效管理既能够体现业绩和成绩，又能够给企业带来诸多方面的效果。

浩博科技是一家科技公司，该公司在创业之初，处于一种混乱的管理状态，甚至可以用“一盘散沙”来形容。该公司董事长孙浩博在管理被动的局面下引进了绩效管理体系，并开始搭建绩效管理生态。

孙浩博在开展绩效管理之前，与公司内部的部门负责人、员工等进行了充分沟通，听取并总结了多方意见。孙浩博说：“公司员工主要提了两个绩效管理方法：奖励和晋升。因此，我公司着重研究，将奖励和晋升与工作的绩效建立起关联。绩效成绩优异的员工自然就会享受到公司给予的相关待遇。”

绩效管理活动开展了半年，该公司就收到了良好的管理效果，混乱的管理局面大有改观。此时，孙浩博再看浩博科技：员工工作积极、态度端正，工作效率大大提升，虽然管理成本有所提高，但是在效益提升的情况下，管理成本实际上是下降的。换句话说，绩效管理起到了良好的作用，并且帮助该公司变成了一家优质的科技公司。

上面的案例仅仅是一个非常普通的案例，这样的案例极具典型性和普遍性。绩效管理不仅有三大功能，而且有三大作用。

1. 绩效管理促进绩效提升

绩效即业绩与成效，一个企业需要业绩，更需要管理效果。对于一个企业而言，绩效有两个方面，即组织绩效和个人绩效。组织绩效特指企业组织的绩效，这个绩效往往与企业的生产经营结果挂钩。组织绩效不仅需要企业内的个人贡献力量，而且还需要部门与部门、部门与人、人与人之间的相互配合才能够实现。因此，企业管理者需要充当“沟通者”的角色，在施行管理的同时，还要与企业内的各个环节、各个角色进行交流沟通，从而确保公司绩效管理的成效得以延续。

另外，绩效管理中的评价与指导工作也非常重要。许多员工存在工作问题，比如态度不好、技术不达标等，绩效管理的另一项作用就是“帮助”员工解决问题，让员工的工作积极性得到提升、工作技能得到提高，并因此得到公平正面的评价。有一位企业家认为：“如果一名员工得到了鼓励，就能够发挥出较好的能动性。”还有一位企业管理者说：“绩效管理是一种合作管理模式，即在企业目标达成前达成共识，并帮助考核者顺利完成任务。”除此以外，绩效管理还是一种“遴选人才”的方式方法，而传统的“末位淘汰”等方式方法已经不适合现代企业的管理了。

2. 绩效管理优化管理流程

说到底，管理是“人的管理”和“事的管理”。人的管理，特指管理者如何在管理过程中，让员工与岗位、员工与组织、员工与上级进行有益结合，并提升员工在岗位上的工作效率；事的管理，特指管理中的“事件”能够得到有效解决，任务得到妥善安排，从而把企业内的所有目标落实到位。人与事，恰恰就是管理的全部。不管是对人的管理，还是对事的管理，流程的管理与应用都是必不可少的。管理流程通常体现在如下四个方面。

（1）因何而做。做这件事情的原因是什么？说到底，还是企业发展目标与发展规划的问题。只有知道“因何而做”，一个企业的管理才能够体现出目标管理和绩效管理。

（2）由谁来做。企业的总体绩效目标形成之后，目标和任务的分配是非常重要的。换句话说，将目标和任务层层落实到人是重中之重。绩效管理的精髓在于，将目标和任务落实到人，并明确每个人所负责的具体的工作，指出工作的方向，定期以绩效考核的方式进行阶段性评估和评价。

（3）如何去做。前面我们讲到，绩效管理有“辅导”的元素在里面，辅导的作用即指导员工如何去做具体的工作。如果一名员工得到了精准的辅导，也就会提高做事的效果。

（4）结果传递。当一项工作结束之后，是不是全部的工作都已经完成了呢？事实上，管理是一个“闭环”，当一项工作结束之后，另一项工作也就开始了。绩效管理的评估、调试就是为第一次工作的结束与第二次工作的开始进行桥梁搭建。

3. 绩效管理确保组织目标实现

事实上，绩效管理是一种“目标”管理，旨在帮助企业组织完成目标。通常来讲，一家企业既有总体目标，也有阶段性目标，既有部门目标，也有个人目标。绩效管理能够帮助企业管理者实现目标的分解与统筹安排，结合目标管理，管理者对部门干部和员工进行工作督促，继而保证组织目标的实现。

如果我们进行简要总结，可以得出绩效管理不仅能够确保组织目标的实现，还能够优化管理流程，优化人力资源结构，形成一条“奖罚分明”的“企业—员工”管理生态系统，全面提升企业组织业绩，达到企业管理要求。

五、绩效管理的目的和意义

绩效管理具有三大环节和三大作用，自然也会凸显其目的和意义。有一位企业培训师说：“绩效管理具有一种同步效应，即员工与企业共同成长。如果员工能够了解并按照企业的发展轨迹去工作奋斗，也就能够分享企业的终极成果。”

什么是企业的终极成果呢？比如，有一家企业的目标是上市，并且成为行业内的翘楚，核心产品优质，企业竞争力强，员工有较高的收入和良好的工作环境。如果一名员工能够与这家企业一起成长，就会享受到这样的成果，即高收入、高福利、优雅舒适的工作环境等。对于大多数企业员工而言，拿到高收入，享受高福利不就是一种终极追求吗？员工能够实现自己的梦想，企业也能够从中获利。事实上，员工与企业是“利益共同体”，一荣俱荣，一损俱损。绩效管理能够给企业和员工搭建一座桥梁，让员工的工作充分融入企业的发展战略中。员工的绩效成绩与企业的绩效目标息息相关，而企业的绩效能够反映出企业的经营状态和盈利水平。具体来讲，绩效管理有五大意义。

1. 通过绩效管理完成企业制订的经营目标

绩效管理是一种非常“势利”的管理方式，采用绩效管理的目的就是提高员工的劳动绩效，从而促进企业总体目标的完成。比如，南方有一家能源公司，该公司主要经营煤炭等能源产品。该公司制定了 1000 万元的年销售目标，负责营销的销售人员一共有 5 人，因此给每个人分配了 200 万元销售任务的年度绩效。在绩效管理下，员工为了拿到年终奖和其他奖金想尽一切办法销售煤炭，并提前一个半月完成了销售任务。完成任务的销售人员拿到了年终奖和其他相关的绩效奖励，而企业也提前完成了绩效总目标。换句话说，企业通过绩效管理方式确保了营销工作的质量，而且激励了员工，实现了双赢局面。

2. 通过绩效管理优化现有的管理水平

有人问：“绩效管理是一种优质的管理模式吗？”在众多的成功案

例面前，我们不得不说，绩效管理是一种成熟的、有意义的管理模式，甚至许多企业借助绩效管理实现了“生死大逃亡”的经营壮举，更有人把绩效管理看作一种“还魂草”。许多企业在采用绩效管理之前，自身的管理可能存在较为严重的问题。比如，有些企业管理局面混乱，员工执行力差，企业竞争力差等。绩效管理则类似于“广谱抗生素”，对于许多企业的管理疾病有药到病除的效果。因此，许多企业采用绩效管理治疗自己的管理疾病，并提升现有的管理水准，优化现有的管理水平。

3. 通过绩效管理提高员工的职业素养

绩效管理并不只有绩效考核，而单纯指望“考核”去管理的方式是缺乏人性的。当下，企业管理追求一种人性化管理，即把人当作企业的资产。绩效管理同样也是一种“资产管理”，它非常重视企业员工的技能、知识储备、综合素质等，许多企业也把人才培训等战略纳入绩效管理体系中。因此，绩效管理能够提升员工的综合职业素养，在辅导员工的同时，帮助员工提升个人绩效，继而达到企业的发展需求。

4. 通过绩效管理实现员工与企业的双赢

许多企业出现员工“出工不出力”的情况，原因究竟是什么呢？当我们去企业调查或者对员工进行走访时，就能够发现：这些企业并不能够满足员工的需求。比如，有的员工认为企业老板太吝啬，在工资奖金等方面无法满足员工的需求，还有一些企业则无法在精神领域内满足员工的需求。绩效并不只是追求利润与效益，还是一种物质激励与精神激励双追求的管理方式。许多企业通过绩效管理能够与员工达成共识，并因此形成一种员工与企业的双赢局面。只有企业与员工“一拍即合”，才能够产生巨大的化学作用。

5. 通过绩效管理实现管理生态体系的完成

对于一个企业而言，内部管理与外部管理的方式多种多样，我们也常常能够听到目标管理、精细化管理、流程管理、PDCA 管理（戴明环）等管理方式，许多管理方式被运用到不同层面、不同维度的企业界面中。绩效管理是一种具备“串联”作用的管理模式，它能够帮助企业实现从开始到结束、从监督到控制、从实践到完成的全过程，而且能够将企业的绩效成绩落实到位，并实现企业的经营目标、生产目标、管理目标。因此，绩效管理是企业管理中的重要一环，它具备一种黏合力，能够打通并串联整个管理环境，形成一种管理生态体系。

绩效管理是一种“把握现在、展望未来”的管理模式。开展绩效管理工作并不是一件非常艰难的事情，只要企业管理者有信心，就能够将绩效管理办法运用到自己的企业里。

六、绩效管理的三大类型

绩效，也是一种组织的“主观”期望，即组织部门期望在某个阶段内实现的相关的组织目标。比如，一家企业期望五年内实现年营业额 200 亿元，利润 10 亿元，然后三板上市。绩效目标，就是把五年目标进行细化、分解，然后再将目标层层落实到人，形成考核流程和考核制度。众所周知，绩效分为组织绩效和个人绩效，只有当组织绩效与个人绩效达成一致时，企业组织才能够实现主观期望。

通常来讲，企业组织通过绩效管理可以实现四个“梦想”：第一，达成目标。对于一个企业组织而言，目标是非常重要的；如果能够实现目标，一个企业组织也将完成使命。第二，解决问题。事实上，企业组织施行管理的目的就是解决经营中的各类问题，而绩效管理能够解决组织管理问题、利益分配问题、人力资源问题、资源分配问题等，如果企业组织内的各种问题得到妥善解决，企业组织也将得到良性发展。第三，利益分配。一个企业组织想要得到持续的发展，就需要解决利益分配的问题。一家企业需要与员工共享利益，才能够让员工保持工作的动力，绩效管理恰恰就是一套利益分配的管理方法，能够帮助企业组织进行科学有效的利益分配。第四，打造智库。绩效管理能同人力资源管理相配合，能够让员工保持较高的个人竞争力，并不断提高员工的综合职业素养，为企业组织的智库建设夯实基础。总之，绩效考核是一套非常好用、非常实用、非常值得推广与使用的管理方法。绩效管理并不只有一种方法，而是有多种类型。常见的绩效管理类型有以下三种。

1. 品质主导型绩效管理

自古以来，人们就有一套评判人的方式方法，而把人的品质作为评估、考核的对象，这也是一种非常常见的考核管理类型。

忠：忠诚度。一名员工的忠诚度与企业的发展形成夹角，员工的忠诚度越高，对企业发展所做的贡献也就越大，工作积极性也就越高，反之亦然。

信：诚信。一名员工不撒谎，能够实事求是，凡事以“诚信”为本，就会给企业组织树立良好的企业形象。另外，诚信是企业发展的核心之关键。

义：道义。古人言：“义谓天下合宜之理，道谓天下通行之路。”一个有信有义的人，才能够成就一番事业。因此，许多企业组织非常在乎员工的道德、道义，而“义”也是衡量一个人道德水准的关键指标。

勇：勇气。有人问：“什么样的员工才是优秀员工呢?”许多人会给出相似的答案：有勇有谋，敢于担当。有担当就是一种“勇”，只有敢于承担一切，才有力挽狂澜、统筹全局的能力。

品质主导型是一种古老的考核管理方法，但是这种方法无法被量化，在考评体系中过于依赖管理者或者考核者的主观判断。因此，品质主导型绩效管理更适合以“配角”的形式存在。

2. 行为主导型绩效管理

从字面上理解，行为主导型绩效管理是一种“过程”管理，这种管理方式更加重视过程的控制，而不是结果的控制。俗话说：“结果很重要，过程环节更重要。”许多企业已经摆脱了单一的、以结果为导向的绩效考核办法，把考核的重点放在管理执行的过程环节。甚至有企业管理专家认为：“过程比结果更加重要，过程是导致好结果的关键所在。”而“水到渠成论”也是这样的，只要“道路”铺设完毕，实现某个目标就是顺其自然的事情。如今，许多企业把“行为主导型绩效管理”方法当作一种精细化管理手段，辅助其他的管理，完善企业的管理体系。

3. 效果主导型绩效管理

这种绩效管理类型是一种强调结果、强调效力的管理。我们常常会听到一些企业老板面红耳赤地拍着会议桌强调：“我要的是结果！结果！”是啊，如果管理出不了成绩，这样的管理是无效的。强调结果的绩效管理是没有错的，几乎所有类型的绩效管理方法都要与绩效成绩挂钩。当下，许多企业选择一种过程与结果相结合的绩效管理方式，既重视过程，又强调效果，从而取得了不错的管理成绩。

除了以上三种类型外，世界上还有许多种绩效管理方法，甚至每一家企业都有自己的“特色考核”方式。不管如何，绩效管理的理念是一种科学有效的管理理念。如果一名管理者能够重视绩效，并采取绩效管理的方式去管理企业、管理员工，与员工达成合作关系，便会调动员工的积极性，促进企业的快速稳定发展。

第二章　绩效管理体系的概念和作用

一、绩效管理体系的定义

如果说绩效管理是一种管理方法，那么绩效管理体系就是一种管理方法的具体应用。绩效管理体系的定义是什么呢？简单地说，绩效管理体系特指组织机构为了达到某种目标与员工共同参与制订绩效计划、绩效辅导、绩效考核评估、绩效利益分配、绩效目标提升等。换句话说，只有管理者与员工达成一致，才能够全方位开展绩效管理工作。

绩效管理体系是一套以目标为导向的管理体系，从目标计划开始，到目标结果结束。有人问："没有目标的绩效管理是否还能形成体系？"答案是"不能！"所谓"绩效"，一定是有目标的绩效，而不是无目标的绩效。对于一个企业而言，有了总体目标，还需要对总体目标进行分解，并将该目标层层落实到人。有了目标，才有绩效的"考核"和"评估"。

绩效管理体系是一套以关键绩效目标为载体的管理体系。这里提到一个词：关键绩效目标。一个企业组织在经营过程中，或许会出现多个目标，既有经营目标，也有生产目标，还有人力资源建设目标等。通常来讲，绩效考核针对一些可以量化的、对企业影响深远的目标开展落实。有一位资深的企业管理者认为："关键指标的量化与考核是企业管理的关键环节。”虽然不同的企业组织有不同的目标，但是只有对关键目标进行绩效考核，才能够起到绩效管理的作用和效果。

绩效管理体系涵盖四个方面的具体工作，即客观评估、有效指导、及时监督和科学奖励。

客观评估。对于一个企业而言，管理者常常采用客观的方式对员工的工作质量、工作效率、工作态度等进行评估，并以此结果对员工进行考核。绩效管理体系是一套体系，而这套体系能够避免企业管理者犯主观错误。比如，一位企业管理者对某一位员工有偏见，即使这位员工工作再认真、再努力也无法得到管理者的好评。如果管理者制订科学的评估体系，就会避免发生这样的问题。员工能够得到客观、公正的评估，在精神方面和心理方面，都会接纳这样的评估结果。另外，客观评估也能够较为正确地反映出事实的真相，辅助企业管理者进行下一步的决策分析。

有效指导。通常来讲，一名员工在工作过程中，会遭遇各种各样的问题。比如能力问题，工作能力不达标，任务目标也就无法完成，在此情况下，企业管理者需要及时对员工进行辅导，提升员工的工作能力。又比如权限问题，员工工作因权限问题无法开展，此时就需要企业管理者及时进行授权，拿到授权书的员工才能够进一步开展工作。再比如工作方向不清晰，员工不知道朝哪个方向用力。此种情况下，企业管理者就需要与员工及时沟通，并给员工指出工作方向。除此以外，员工在执行过程中，也常常会因为各种“阻碍”而停止自己的工作，企业管理者还需要给员工扫清执行障碍。

及时监督。有效指导与及时监督需要同步进行。比如，某企业员工因权限问题向企业管理者申请权限，管理者授权给该员工。该员工拿到权限之后，开始布局“私人业务”，借助手中的权限为自己赚了不少好处，从而损害了企业的利益。如果该企业的监督制度健全，监督及时，就会有效防止这种行为的发生；如果该企业的监督制度不健全，监督不及时，也就无法阻止这种行为的发生。因此，及时监督同样是绩效管理体系中的重要环节。只有监督给力，才能够保障绩效管理工作的顺利开展。

科学奖励。说到底，绩效管理体系就是一套奖励体系或者利益分配体系。有一位企业家认为："如果一家企业不会分红，员工得不到奖励，就会出现消极的工作情绪；如果一家企业的分红策略不科学，员工的胃口就会越来越大，结果会适得其反。"由此可见，奖励和利益分配需要一套科学的方法。企业管理者借助"绩效"去奖励，就会做到有章可循、有据可依。一名员工想要争取"政治光荣、经济实惠"，就需要努力提升自己的绩效成绩，靠自己的绩效和真本事拿到奖励。

如今，绝大多数的企业管理组织拥有自己的绩效管理体系，并让"绩效"二字在企业管理中发光发热。绩效管理体系是一套科学体系，企业管理者想要让这套体系发光发热，就需要不断优化体系内容，完善体系制度。只有这样，绩效管理体系才能够起到正面的管理效果。

二、绩效管理体系的目的

绩效管理体系是一个需要具体落实到位的管理体系，在这个体系环节中，既有人参与的环节，也有流程控制的环节。在"人—流程—物"的管理体系里，实现绩效目标的提升才是终极目的。而绩效目标与企业的终极计划目标是息息相关的。

通常来讲，绩效管理体系有七大目的，即实现绩效目标、平衡业务发展、公平评价员工、排除执行障碍、优化改进制度、找到企业优缺点、完善 PDCA 管理体系。

1. 实现绩效目标

一个企业的终极发展目标就是"利益最大化"，而企业的绩效目标往往与“利益最大化”有最直接的关联。通常来讲，一个企业制订绩效管理目标，就是为了通过绩效管理的方式去实现它。比如，有一个公司定了1000万元的绩效目标，就应将该目标进行层层分解，并落实到每一名员工的头上。员工在企业的绩效管理体系下按照相关制度和流程去完成工作，并最终实现目标。在绩效管理体系下，员工需要按照一种“标准”去执行。换句话说，绩效管理并不是管理绩效，而是管理员工，并引导员工去实现目标。另外，企业的绩效目标也会随着时间、环境等因素进行调整，使绩效管理体系能够及时调整相关目标，并保持“管理—执行”环境的良好状态。

2. 平衡业务发展

绩效管理是一个体系，或者说是一种生态，而生态的最大特点就是“平衡”。在一个企业中，拥有“平衡的生态”是管理者无比渴望的，从管理到执行，从执行到执行落地，每一个环节都处于高速运转状态。一个优秀的、完善的绩效管理体系能够帮助企业完善每一个管理环节，平衡管理与执行的关系。比如，某公司所采用的绩效目标是管理者与员工共同制订的目标，而管理细节也是由双方共同敲定的，因此在执行过程中，管理者与员工、管理与执行之间是平衡的，继而营造出高效的绩效环境。

3. 公平评价员工

传统的员工评价方式是一种非常主观的评价方式，企业管理者按照个人的主观想法、个人喜好等评价员工，往往是不公平、不客观的。绩效管理体系是一套以绩效为考核目标的管理体系，员工评价完全按照既定的考核目标、考核方案、考核流程进行考核。在绩效考核体系下，员工的绩效成绩是按照相关标准去评定的，能够避免主观经验、个人喜好等因素的影响，给员工一个科学的、公平的评价。

4. 排除执行障碍

管理好不好，执行是关键。一个企业想要拥有良好的执行环境，就需要排除执行渠道中的各种障碍。通常来讲，执行障碍有以下几方面：①监督不力，制度不完善；②人情与执行力成反比；③无法达成沟通共识；④岗位责任分工不明；⑤奖罚不明，奖励不及时；⑥重点不突出，计划混乱；⑦授权与控权出现问题；⑧朝令夕改，管理方案一动则乱。一个完善的绩效管理体系能够提高监督力，明确岗位责任，奖励及时，重点突出，授权与控权合情有效，并因此能够扫清执行环境中存在的各种障碍。

5. 优化改进制度

一个企业想要形成一套完善的管理制度，短时间内是难以完成的，需要长时间不断地修订、补充，才能落实到位。绩效管理体系是一套科学稳定的体系，能够给企业营造健康、科学的管理经营环境。在这样的环境下，管理者能够在不断的“评估”与“检测”中找到制度存在的问题和缺陷，并逐一进行改善和优化。另外，绩效管理体系中的制度也是一种“可升级”的制度。

6. 找到企业优缺点

通常来讲，一个企业有自己的优势，也有自己的劣势，发挥自身优势，弥补自身劣势，是提高管理水平的关键所在。绩效管理体系也是一套“测评”体系，许多企业都会借助绩效管理体系进行阶段性测评，并通过测评找到企业管理存在的问题。还有一些企业借助“问题管理专家＋绩效评价”的模式建立问题模型，从而解决企业存在的各种问题。有一位资深的企业管理专家认为："绩效管理体系是非常好的企业评估体系，通过该体系，能够筛查企业存在的各种问题。"

7. 完善 PDCA 管理体系

什么是 PDCA 呢？PDCA 是一种质量管理体系，该体系分为四个阶段，即计划、执行、检查、处理。事实上，绩效管理也是以绩效目标为出发点，设定计划，按照计划进行管理执行，借助监督与评估定期对"管理—执行"进行查缺补漏，并实现既定目标。换言之，绩效管理体系是 PDCA 管理体系的一个非常有价值的补充，并且能够完善 PDCA 管理体系。

除此之外，绩效管理体系还能够帮助管理者与员工建立起沟通的桥梁，让管理者与员工进行平等的对话和协商，并达成合作上的一致。

三、绩效管理体系的四大原则

绩效管理对不同的企业或许会产生不同的效果。比如，有一家企业通过绩效管理，解决了执行效率低下的问题；还有一家企业则通过绩效管理完成了企业的革新和经营模式的转变；而北方的一家化工企业则借助绩效管理降低了生产经营成本，直接为企业创造了效益。

有一家叫铭越环境的公司，该公司从事治污设备加工。近年来，我国对绿色环保产业扶持力度较大，许多从事环保行业的企业得到了快速发展。在政策的春风下，铭越环境公司的老板制订了三年销售额增加 500% 的目标。这个目标如此之高，看上去有些令人匪夷所思。

铭越环境公司的董事长吴长青认为："许多业内企业通过优秀的管理模式和商业模式取得了十倍以上的业绩增长。奇迹的背后，一定隐藏着某个密码。"吴长青选择的管理方式恰恰就是绩效管理模式。

首先，吴长青在计划目标上下了功夫，制订了能够分解、可以实现、具备弹性的目标，并承诺："员工能够在单位时间内完成任务目标，将会拿到目标总利润的3%作为奖励。"通过这样的方式，企业员工的工作积极性被完全调动起来，许多员工因此赚到了非常高的奖金。

其次，吴长青通过绩效管理形成了一套科学的、规范的用人体系。换句话说，绩效管理方法也能够运用到人力资源管理中。三年之后，吴长青借助绩效管理模式创办了企业人才智库，并搭建了企业内部培训平台。培训平台可以给铭越环境公司源源不断地培养并输送优秀的专业人才。

最后，吴长青通过绩效管理体系实现了"人性化"管理平台。在这个新平台上，员工可以自由发挥自己的才能，为企业创富。

吴长青认为："绩效管理是一种'万能'的管理模式，它不仅帮助企业疏通了管理渠道，而且提高了员工的工作能动性和创造力。环保企业是一个更新换代非常快的企业，铭越需要优秀的人才和卓越的经营思维。"实施绩效管理三年后，铭越环境公司实现了750%的业绩增长。

绩效管理体系确实拥有一种"魔力"，这种"魔力"既需要管理者的实施和员工的配合，还需要企业组织拥有一种向心凝聚力。那么绩效管理体系都有哪些原则呢?

1. 厘清思路

俗话说："厘清思路，铿锵行走。"许多企业因为没有厘清管理思路，一直在企业发展之路上徘徊。绩效管理体系是一种目标体系，在施行管理之前，需要管理者制订一个目标，而目标就是方向。

只有方向还不行，还需要把管理逻辑和管理思路整理清晰。我们把目标比喻成某个港口，公司比喻成一艘船。一艘船想要到达目标港口，就需要拥有一套清晰的航行计划和航行思路。因此，只有思路理顺了，目标才有意义和价值。绩效管理能够让管理者至少厘清三个思路：企业需要什么？企业发展的动力是什么？我需要做什么？

2. 确定目标

在思路没有理顺之前，目标是毫无意义的。如果一家企业完成了管理思路和经营思路的梳理工作，确定并制定目标就有意义了。通常来讲，企业制定绩效目标会采取 SMART 目标原则。SMART 目标原则也被称为绩效目标制订原则，其中 S 即 Specific，代表具体的、清晰的目标；M 即 Measurable，代表可量化的目标；A 即 Attainable，代表可以实现的目标；R 即 Relevant，代表与本职相关的目标；T 即 Time－bound，代表有时间限制的目标。当这五个元素凑到一起，这样的目标才是企业组织能够确定的目标。绩效目标确定之后，经营管理的方向也就确定下来了。

3. 分解目标

通常来讲，工作责任人是实现目标的主体，因此许多企业管理者都在强调："目标责任到人，才能够起到管理效果。"所谓"目标责任到人"，就是把绩效目标层层分解，落实到每一个员工身上。目标分解也有一套科学的方法，在分解目标的时候，企业管理者需要与员工进行深入交流与沟通，通过科学协商的方式找到"合作"的契合点，并实现目标分解的具体工作。比较有代表性的目标分解法有鱼骨分析法、DOAM（逐级承接）分解法等。

4. 责任到人

目标分解之后，就需要将相关的责任落实到每个人的身上。责任到人的前提是"责任要提前明确"。比如，某公司管理者提前告知员工：

"第一，要严格遵守岗位管理制度，严格按照制度办事；第二，不要越权，要在自己的权限范围内办事；第三，不要假公济私，不要在岗位上从事与岗位工作不相关的事情。"只有将责任落实到人，执行力才能够得到保证。

厘清思路、确定目标、分解目标、责任到人，事实上，这是一个按照时间和逻辑顺序进行串联的管理体系，而这样的管理体系才适合广大的企业组织使用。

四、绩效管理体系的三大成功因素

并不是所有的企业都能够从"绩效管理体系"中获得能量，并通过此能量改善自我。现实中，还有许多企业并没有获得成功。

有一家生产加工企业，董事长叫王岩。他时常感慨："世界上最难做的事情就是管理、管理、管理。"企业管理松散、执行力差，员工的工作积极性不高……因此，企业连年亏损，甚至到了破产的边缘。事实上，王岩非常希望进行企业改革，希望借助改革创新之力去抢救这家奄奄一息的企业。于是，他引进了绩效管理体系。

管理体系运行过程中，企业出现了一些新问题。比如，员工完成绩效考核目标之后，原本应按照"事先约定"兑现承诺，但是当"成功兑现第一次"之后，"第二次"则没有按时兑现。王岩解释："企业缺钱，只能委屈员工，延期发放绩效奖金。"

对于老板的这种做法，大多数员工都感到失望。其中一名员工表达了自己的心声："既然老板做出了承诺，那为什么不能够坚守承诺按时发放呢？既然老板不遵守诺言，我们何必还傻乎乎地去执行呢？"还有一名员工认为："奖金是我们用血汗换来的，不能说不发就不发，说延迟就延迟。”

在员工的施压下，董事长王岩顶住压力，将绩效奖金全部发放完毕。奖金发放完毕之后，王岩对绩效考核的奖励系数进行了调整。调整之后，员工们更是牢骚满腹。

除此之外，王岩的公司并没有一个清晰的绩效目标。用一位中层干部的话说：“我们公司的所有目标都是模糊的，做到哪儿算哪儿。”一年之后，这家公司不但没有转型成功，反而被另一家公司收购。

上面的案例是真实的，一家企业如果没有按照绩效管理体系的制度和相关承诺去落实，也就无法让绩效管理起到作用。换句话说，想要达到绩效管理目标，就需要把握以下三大成功要素。

1. 绩效指标清晰

前面我们讲到了SMART法则，该法则也叫绩效目标法则，即制订的绩效目标需要符合清晰、量化、实现、关联、时效等特点，如果制订的绩效指标缺乏其中任意一个元素，就不是科学有效的绩效目标。

绩效指标的清晰性，就好比海上的一座灯塔，能够给每一名员工带来“方向性”的指引。可量化的绩效指标能够给管理者提供考核依据，并以具体数字进行考核。绩效指标都必须是可实现的，不可实现的绩效指标是无效指标，也起不到考核、评估的作用。另外，科学有效的指标是一种落实到个人的“责任指标”，在责任和制度的约束下，员工才能够全心全意地认真工作，才能够把责任指标落到实处。

有一位企业管理者如是说：“绩效管理是‘目标’在前，‘执行’在后。没有清晰的目标，也就无法进行绩效管理。”

2. 严格遵守承诺

上面的案例中，企业老板没有遵守承诺，最直接的结果是彻底瓦解了“绩效管理体系”。对于这种不遵守承诺的行为，绝大多数的企业员工是嗤之以鼻的。事实上，遵守承诺才是有效管理的灵魂所在。有一个成语叫“取信于民”，一个企业管理者想要得到员工的信任，首先要做出承诺，并严格按照自己的承诺办事。比如，一家企业的管理者承诺了10%的利润返还，就需要严格按照这样的承诺去兑现。如果这个企业的管理者只兑现了5%的利润，就会遭到员工的质疑。俗话说：“一言既出，驷马难追。”遵守承诺不仅是一种管理手段，更是一种“取信于民”的方式。有效的绩效管理就是以目标为前提，以承诺为背景的管理方式。日本作家池田大作说过一句话：“信用难得易失。费十年工夫积累的信用往往会由于一时的言行而失掉。”由此可见，遵守承诺对于一个企业的发展是非常重要的。

3. 不断完善体系

有人问：“绩效管理体系真的那么完美吗?”有一位管理大师认为：“世界上只有不断完善的体系，没有一直完美的体系。”我们对这句话进行深入解读，得到的一个答案是：绩效管理体系需要不断地升级与完善。一个时代有一个时代的产物，一个阶段有一个阶段的体系……想要让这个体系打破时间、阶段的局限，就需要对绩效管理体系进行不断升级。另外，绩效管理体系是一套“补充型”体系，它需要其他管理模式的配合，或者用来补充完善企业的其他管理系统。不管怎样，只有不断“打补丁”，不断地完善与校订，才能够让绩效管理体系发挥作用。

如果一个企业能够坚持清晰的目标战略，严格按照自己的承诺办事，不断完善管理体系，重视管理细节，那么就能够让绩效管理体系在企业内部生效。

第三章　绩效管理存在的常见问题

一、战略目标不清晰

目标不清晰，“累死三军”。现实中，许多人都有这样的直观感受。虽然一些企业有自己的“目标”，但是这“目标”就像“水中月、镜中花”，朦胧且含混不清，比如下面这个案例。

刘半夏是某公司的部门经理，他最近工作非常不顺心。他说：“从表面上看，工作一切正常，大家也非常忙碌，但是这种忙碌有一种‘瞎忙’的感觉。”他拿出总公司下发的绩效目标清单，该目标清单上只有一个总体目标，即年销售额5000万元。

为了明确任务目标，刘半夏多次与上级进行沟通，上级领导却对这样的目标描述得十分“暧昧”，让他用心去做，“结果”并不重要。在这样的一个含糊其词的目标下，刘半夏只能按照领导的“模糊概念”去执行。后来，刘半夏所在的部门半年完成了3000万元的销售额，这个销售额比去年同期提高了12%。但此时，该公司的营销总监却找到刘半夏，并与他进行谈话：“小刘啊，工作还要加把劲。今年的市场比去年的市场好，3000万元的销售额有点低。”

听到这番话，刘半夏也非常为难。他心想：如果公司能提前制订半年的销售目标，部门早就安排有针对性的营销计划了。

这个案例是一个非常尴尬的经营故事，目标不清晰，员工便无法准确地进行岗位工作的安排。

还有一些企业，没有经过深入的市场调查，制订的绩效目标过于“高大上”，过于“虚无缥缈”，以至于无法实现，比如下面这个故事。

山东有一家民营化工厂，该化工厂经过了技术改造之后，生产能力与之前相比有了较大提升。恰逢该化工厂所生产的化工产品赶上了市场高潮期，产品价格一路上涨，此时的厂长吴某便制订了一个非常“高大上”的目标：三年后产值破百亿，五年后公司整体上市。

这是一个宏伟的战略目标，听到这样的目标之后，许多员工也非常兴奋。为了实现这个目标，公司各部门像打了鸡血一样开始生产、营销。不久之后，产品价格下降，市场遭遇寒潮。按理说，在瞬息万变的市场面前，一家企业想要保持稳定的发展，需要及时调整经营目标和战略目标，但是吴某并没有进行调整，而是坚持原来的计划。

到了年底，该化工厂销售总额仅仅完成了原目标的63%，远远没有达到目标。吴某非常生气，只给员工发放了50%的年终奖金。有一名员工说：“事实上，今年完成的任务不错，比去年高出不少。公司老板想要一口吃成胖子，显然是不太可能的。”换句话说，老板制订的目标太高，员工们根本无法完成。目标完成不了，员工的工作积极性也会受到打击。

前面我们提到了SMART原则，其中第一个原则就是目标要清晰。目标是绩效管理的出发点和落脚点，目标不清晰，工作也就难以执行。还有一些企业虽然有任务指标，但是任务指标过于“宽泛”，或者考核的项目太多，员工疲于应对考核而无暇兼顾责任工作的质量，比如下面这个故事。

> 有一家水泥公司，该公司老板非常重视考核，甚至在每一个环节都套用了绩效管理法则。比如，某经营部门套用绩效管理考核的项目有产品销售、组织纪律、现场管理等。换句话说，几乎每一个环节、细节都有绩效考核。
>
> 有一位员工反映："决定我们绩效工资的项目高达十多项，如果你想要大刀阔斧地工作，显然是不太可能的。"许多员工为了完成绩效考核指标，完全可以用"胆战心惊"四个字来形容，时时刻刻需要注意自己的形象、言行、举止……一天工作下来，苦不堪言。
>
> 到了年底，该公司进行考核评定，竟然没有一个人符合标准。该公司的老板说："这样做的目的就是高标准、严要求，让员工们养成良好的工作习惯。"事实上，这样的考核并没有给企业带来多大的改变，该公司也给人一种死气沉沉的感觉。

事实上，一家企业应该采取"关键指标绩效（KPI）考核法"，而不是把所有环节都放进绩效管理体系中。关键指标代表着企业的核心利益。企业只要能够抓住核心目标不放松，就能够解决问题。如果眉毛胡子一把抓，恐怕什么也抓不好，什么也管不好。绩效目标杂而多，同样能够削弱管理的力量，与目标不清晰带来的危害是一样的。

对于企业而言，清晰的战略目标是核心，也是形成计划与执行计划的基础。有了清晰的目标，企业管理者才能够给企业一个明确的定位，继而带领企业向更好的领域发展。

二、角色分工不明确

在一个企业中，岗位架构与岗位制度是决定角色分工的重要保证。

许多企业在开展绩效管理体系之前，需要明确角色分工，否则将会带来“管理—执行”失效等问题。

有一家企业的分工极其不明确。有一位员工发牢骚道：“我们这家企业，有的人身兼多职简直累得要命，有的人什么工作也不用干，简直闲得要命。我身兼三职，不仅要跑业务、负责二级核算，还要带团队……根本难以应对。”这名员工工作多到干不完，但另一名办公室人员则非常轻松，甚至还有人在自己的岗位上绣十字绣。

如果是“多劳多得”，恐怕大多数员工是不会发牢骚的，但是这家企业存在的问题是：同工不同酬。或者说，身兼三职与身兼一职的员工收入差距不大。因此，绩效管理体系在该企业几乎是失效的。

身兼三职的员工为了节省自己的“体能”，开始想办法偷懒，而偷懒的方式就是“宁推不揽”；身上没有角色分工的员工则继续保持当前的状态，甚至也在选择一种推诿的方式生存。

这家企业在角色分工方面，为什么如此不公平呢？后来有一位部门经理道出了实情：“这家公司裙带关系十分突出，与老板关系好的人，工作既轻松，‘油水’也多；与老板关系疏远的人，工作非常累，而且收入也很少。”公司老板这种“任人唯亲”的用人方式不仅令角色分工不明，而且给管理带来了诸多隐患。这家企业存在的各种“企业病”也是用人不公带来的，比如企业存在执行力差的问题、企业效益不佳的问题、人浮于事的问题等。

管理存在严重问题、角色分配制度存在较大的缺陷，这也导致该企业采取的绩效管理体系形同虚设，根本起不到管理、疏通的作用。

一家企业想要解决执行力和管理绩效的问题，首先要公平用人，让每个人都认清自己的岗位定位，并且让每一个岗位角色都有目标任务。只有这样，每一项目标任务才能够落实到位。

另外，还有一些企业存在岗位责任重叠等问题，这样的问题也属于角色分工不明确，也会导致绩效管理失效。

有一家企业，这家企业有两个经营部门：一个部门是销售部，另一个部门是进出口部。事实上，这两个部门都在销售企业的同类产品。从字面上理解，销售部应该负责国内市场的产品销售，进出口部负责海外市场的产品销售。然而，真相却不是如此。

原本负责海外市场的进出口部，早在几年前就把相关营销业务转移到了国内，进出口部的一名员工说："海外订单锐减之后，我们把业务转向了国内，而直接竞争对手变成了销售部。"事实上，这种"竞争关系"并不是坏事。若企业管理者能够明确销售部与进出口部的营销区域，就会圆满解决这样的问题。但是这家企业的老板却认为："直接竞争带来的工作积极性会更高。"结果会如老板所说的吗？

有一年，该企业产品质量出现问题，某大区域内的客户反应激烈，需要该企业更换产品或者给予赔偿。原本负责该区域的销售部经理却将营销责任的"皮球"踢给了进出口部，并说："该区域的销售原本属于销售部，但现在实际上进行市场营销的部门是进出口部……这件事应该由进出口部负责。"

进出口部的负责人认为："该区域的市场是销售部与进出口部共同开发的，需要共同对该项事件负责。"后来，两个部门相互推诿扯皮，不仅错过了最好的事件处理时间，还给该企业造成了较坏的社会影响。最后，该企业老板只能将销售部与进出口部的业务区域进行了详细划分，销售部负责华北、华东区域，进出口部负责华南与西南区域。

责任范围明确了之后，销售部与进出口部的"不正当"竞争关系才正式结束。此时，该企业的经营销售的问题才逐渐得到解决。后来，该企业的老板说："岗位责任不明确，就会给企业带来严重的问题。"

如今，许多企业宣传一种“感恩”的企业文化，即“不是自己的工作也要拿过来做”，要让员工学会感恩，让员工培养一种“打补丁”的工作精神。事实上，人性都是自私的，而缺乏鼓励、不公平的“补丁文化”更是难以推广。一个企业的管理者想要解决绩效问题，首先需要明确员工的角色岗位，公平合理地分配工作任务和工作指标，严格按照“承诺”去落实绩效激励。有一位企业家说：“‘人岗结合’是最基本的人力资源管理形式，也是最基本的企业架构。人岗结合，就是每一个岗位都要有一个人，每一个人都要有自己的岗位。人在岗位，就需要全权负责岗位职责，履行岗位义务，实施岗位权力。”换言之，只有角色分工明确了，管理工作才能正常开展。

三、不重视绩效流程

众所周知，流程对于一个企业而言是非常重要的。管理大师克里斯坦森认为：“流程就像一家机构的潜意识，不动声色地将公司向与需要完成的任务相同或是相对的方向牵拉。也就是说，流程就是通过监管每天成百上千个分散事件、决策，以及交流互动统筹而成的战略。”

说到流程，我们就不得不提著名的汽车公司丰田。丰田公司是世界上一流的汽车制造商，制造汽车是一件烦琐而伟大的工作。为了让汽车制造中的每一个环节、细节都能被严格“把控”，丰田公司采用了PDCA管理流程。在该流程的管控之下，丰田公司的生产、营销等管理环节都做得风生水起，不仅提高了工作质量和工作业绩，而且大大推动了公司的快速发展。管理大师克里斯坦森非常肯定丰田公司的这种经营行为，并补充说明：“流程的作用至关重要。流程是一个机构只可意会、不可言传的文化中至关重要的一部分。流程是无形的，为公司所有。流程是由解决问题的成百上千个微小决策逐渐形成的。流程对于战略而言至关重要，却不容易被人复制。”

> 流程虽好，并不是所有的企业都能够坚持按照流程去办事。比如，南方有一家企业，该企业拥有绩效管理流程，但是却把管理流程放在一边，继续采用了一种“人管人”的管理思路。
>
> 有一年，该公司准备采购一批物资。通常来讲，物资采购有相应的流程：第一步，采购部发布采购招标信息；第二步，供应商报价并提供物资样品，出具检测数据；第三步，按照“价低者得”的招标要求确定中标的供应商，然后与供应商签订供货合同，并按照供货流程进行供货。换句话说，如果按照要求，该公司应该全面按照流程管理规定去安排。
>
> 事实上，这家公司并没有按照流程进行。负责采购的采购部部长，按照“关系先后顺序”选择供应商，在交货过程中，也完全按照一种“需求弹性”去安排送货时间。有一位知情人透露：“如果严格按照采购流程去办事，采购成本至少会降低2%～3%。”采购成本的提高，直接压缩了产品的利润空间，给企业造成了损失。

有人问：“难道这家企业的管理者对流程就视而不见吗?”当一个企业视流程为“草芥”时，这样的“人情关系”就变成了一件心照不宣的事情。管理者睁一只眼闭一只眼，执行人则完全抛开流程“肆意妄为”。三年之后，这家企业效益严重下滑，最后被一家管理水平较高的民营企业收购。

不按照绩效流程办事，绩效管理也就无法发挥作用，通常也会给企业和企业管理者带来以下几项问题。

1. 工作拖延

工作拖延也可以称为效率低下。通常而言，企业采取流程管理，就是为了解决效率低下的问题。如果按照流程去处理，将会减少由人的主观因素造成的延迟和阻碍，人的主观因素有懒惰、方向不明、犹豫不决等。很显然，科学的流程不再需要过多的“人为因素”参与。如果一家企业没有按照流程办事，人的人性缺陷和主观问题就会再次影响“管理—执行”的工作，造成工作延迟，继而降低工作效率。

2. 增加成本

管理是需要成本的，既有人力成本，也有企业的管理运营成本。许多企业采取流程管理，就是为了降低管理成本，解放管理者。现实中，许多企业会把流程放在一边，或者采取“简单事用流程，复杂事用人管”的做法。这种做法并不能给企业带来本质上的转变，反而提高了管理成本，加大了管理消耗。管理者事事抓、事事管，事事放在自己的心上，不但无法释放自己，而且会增加错误决策的次数，给企业发展带来更多不稳定的因素。

3. 责权不明

不按照流程办事，也会造成“责权不明、相互推诿”的局面。比如，某企业正在进行生产设备改造，在设备升级过程中，出现了较为严重的事故。由于设备升级并未按照流程办理，两个“责任部门”相互推卸责任，导致事故延期处理，损害了企业的形象。如果该企业能够按照流程去办理，每一个部门都会责权分明，也不需要其他部门跟着一起“背黑锅”。有一位企业管理者认为：“管理流程并不是疏通管理与执行的渠道，而是让岗位环节的工作更加清晰明了，每个人都有独立的‘考核指标’。”

除了以上三点，不按照绩效流程办事，还会给企业管理者带来令人头疼的企业病，并且增加经营管理风险，给各个环节提供“腐败的温床”。对于执行人而言，按照流程去办事，不再需要次次打申请，更不需要受人情的拖累。

有一家化工企业，该企业虽然采取了绩效管理体系，但是没有收到良好的效果。有一年，该公司采购了一批原料，该原料是“顶账”采购的，原料质量与之前采购的原料存在差别，因此生产了大批指标不合格的产品。如果按照质量折扣的方式，该公司销售部门将会得到“扣罚年终奖金”的处罚。有一位销售员说：“扣除我们绩效奖金是没有道理的，原料的采购是老板决定的，产品的生产是老板决定的，为什么还要让我们‘背黑锅’呢？”

事实上，该公司老板并不是想让谁‘背黑锅’，而是采取了一种“一言堂”的决策方式。他把任何事情都交给流程，完全靠流程和制度去解决问题。前面我们讲到，流程是非常重要的，如果不按照流程去办事，可能会偏离方向。但是该案例似乎“不太一样”，为什么按照流程去办理，依旧会出现问题呢？在这里，我们再次强调“沟通”二字。

企业管理离不开沟通，绩效管理更加离不开沟通。绩效管理有一个先决条件，即公平协商。如果企业管理者与员工达成“合作”上的一致，绩效管理才能够发挥作用。该企业老板认为：“在管理条例之下，员工做出决策，就应该为自己的决策负责。”对于这句话，当事人是不认同的。

员工甲说：“顶账原料的事情，是老板的决策，并不是我们的决策。让我们给老板无缘无故地去顶包，我们无法接受。”员工乙是生产车间的员工，该员工认为：“不合格的原料是采购部采购的，我们只是来料加工，为什么还要扣罚我们的绩效奖金？”

换言之，绝大多数的被考核者并不支持老板的决策，而是牢骚满腹。随后，该企业的绩效问题也就出现了。首先，该企业的产品销售遭遇了“难题”，而“难题”是销售人员的消极态度导致的。其次，该企业的“不合格”产品大量积压，给企业造成了大量库存，财务压力导致该企业需要申请银行贷款。问题产生之后，该公司老板并没有采取积极的沟通方式，而是延续之前的套路，把相关责任推卸给执行人。

故事所遭遇的问题，就是沟通不畅导致的。有人说，管理失效，“累死三军”，事实上，沟通不畅或者缺乏沟通同样会带来许多麻烦。那么沟通不畅或者缺乏沟通将会带来哪些具体问题呢？

四、缺乏绩效沟通

1. 管理者的威望降低

不与员工进行沟通的老板，总会给人一种高高在上的感觉。对于这样的老板，员工们也往往有“不屑一顾”的态度。有一位企业员工表达过自己的心声：“我喜欢经常与员工一起交流的老板，他们平易近人，能够与员工打成一片。我们能够知道老板心里想的是什么，老板也知道我们想的是什么。”如果老板高高在上，与员工缺少积极的沟通，员工的“诉求”无法传达，就会把“怨气”撒在老板身上，从而导致老板的威望降低。老板威望降低，管理执行就会出现问题，绩效就会下降。

2. 管理执行效率低下

绩效管理与绩效执行是“一件事”，而不是分布在不同地方的两件事。个别老板认为，管理者只需要下命令，员工只需要执行命令，命令就是一切，不需要商量。但是许多命令颁布下来，员工们往往傻了眼：“这个命令该如何执行啊？”员工需要解释和指导，管理者却没有进行解释和指导。在没有解释和指导的情况下，员工只能“蒙眼上路”，要么做事不精准，要么执行跑偏，最后导致“管理—执行”脱节。

3. 浪费掉大量时间

时间就是金钱，绩效更加看重时间效率。如果没有沟通，管理层与执行层都将处于“模棱两可”的状态。管理者不了解绩效工作的进度，也就无法及时作出决策改变；执行人不了解管理者的“新想法”或者“新决定”，也会选择等待。因为缺乏沟通，管理层与执行层就会出现“拉锯”，“拉锯”就会消耗掉大量宝贵时间，延误绩效工作。

沟通并不是目的，沟通的意义在于双方能够坦诚相见，达成共识。绩效管理体系是建立在“共识”基础之上的，如果双方达不成共识，绩效管理体系也就无法正常运行。

五、“秋后算账”与“强制执行”

许多管理者都爱秋后算账，当结果出来之后，甚至到了水落石出、盖棺定论的时候，才给予消极的、负面的、带有惩罚性的评价。这种“秋后算账”的方式不但不利于绩效管理工作的开展，而且还会破坏原有的管理体系，人为制造“上下级矛盾”。

有一个企业的老板总是喜欢秋后算账。有一年，该企业生产了一款新产品，新产品刚刚上市就遭遇了市场寒流，销量一路下滑，销价一路走低，甚至出现了亏本。在这样的情况下，该企业采取了“绩效管理”的方式，用绩效考核销售人员的销售能力。销售人员为了完成绩效考核目标，也是用尽了浑身解数。

后来，该公司产品市场好转，产品价格和销量都得到了提高。但是该公司的销售人员并没有及时调整产品价格，影响了销售收入和销售利润。此时，该公司老板早已经发现问题，却并未告知销售人员提高销售价格，而是“故意”等着销售人员给出解释。三天之后，产品价格再次上涨。销售人员写了一份价格申请表进行调价。

该企业老板故意问：“现在的产品市场行情如何?”该员工回答：“产品市场一直走俏，价格也开始上涨了。这一次上调价格，就是市场现状的反映。”

该企业老板再问：“后面的市场价格还会继续上涨吗?”该员工回答：“从当前市场反馈回来的信息看，价格应该还会上涨。”

员工汇报完了工作，该企业老板并没有做出任何“指示性”的意见，而是采取一种继续观察的方式。到了月底，销售人员准备领取绩效奖金的时候，却遭到了企业老板的一番批评和挖苦，不但停发了绩效，而且扣除了30%的年终奖金。

该企业老板在总结会上说：“之前我给大家留了面子，希望大家能够如实地反映产品市场，及时地汇报工作，及时地调整价格。由于产品价格调整不及时，我们公司在本月损失了30万元的纯利润。这个责任需要谁负责呢?”听到老板的这番话，销售人员哑口无言。

有一位销售人员事后发牢骚：“没有想到老板是一个‘秋后算账’的人。如果他提前通报或者提前给予指导，哪还能出现这样的局面?”许多员工担心老板再一次“秋后算账”，工作上缩手缩脚。虽然工作汇报的次数越来越多，但是工作的积极性和主动性不及以往，该企业的效益也一直不见起色。有一名员工甚至说：“我们不求奖励，只求不被罚款。”

秋后算账是一种非常不好的管理方式和管理行为，甚至会给人一种打击报复的感觉。另一种具有破坏作用的行为是强制执行。现实中，有一种老板特别强势，他们喜欢用一种“暴政”方式强行推行某一种管理方式和管理模式，致使许多员工感到无奈。

有一家公司，该公司进行了战略转型，撤掉原来的生产线，换了一条新生产线。新生产线下的新产品虽然是一款极具市场竞争力的产品，但是该产品仍旧需要大量宣传，客户对该产品的认知需要一定的时间。用该企业的一名员工的话说："这个产品是一款'未来'产品，需要消费者重新认识。因此，公司推广这款产品千万不要心急，心急吃不了热豆腐。"

该公司董事长为了快速打开该产品的市场，也采取了"新产品"营销绩效方案，并且以绩效管理督促员工去跑市场、卖产品。后来，有一位部门经理来到董事长的办公室，与董事长进行沟通："董事长，如果现在就按照绩效目标去考核，恐怕许多员工都无法完成自己的任务。新产品刚刚投放市场，需要一定的时间去反馈。我们能不能等产品被广大客户熟知并接受，市场销量趋于稳定之后，再进行绩效考核呢?"

该公司的董事长却给出这样一个回复："如果有这样的想法，恐怕就会给自己找借口偷懒，所以绩效考核就需要从现在开始强推。只有硬逼，才能够逼出成绩。"

在这种高压推行的环境之下，员工们压力非常大。面对迟迟打不开的营销局面，更是叫苦不迭。后来，员工的绩效考核没有达标，不但没有拿到绩效奖金，而且工作的气势也明显被削弱了。在此情况之下，该公司的董事长选择了"松绑"，取消了绩效考核。取消了强推管理之后，员工们才松了一口气，营销局面也一点一点被打开，产品的销售量开始持续增加。

绩效管理体系虽然好，但是管理者也要坚持科学的管理态度和正确的管理方式，才能让绩效管理体系发挥作用。如果一名管理者喜欢秋后算账，并且喜欢用管理手段压人，不但起不到绩效管理的作用，甚至还会起反作用。

六、没有绩效结果的评估与反馈

前面我们讲到，绩效管理是以目标为导向的管理方式。有目标，就要朝着目标去努力奋斗。有人问："没有达到目标该怎么办?"如果没有达到目标，我们就需要对现有的结果进行评估，从中找到具体的原因，比如产品价格的原因和市场开拓不利的原因。绩效管理是一种结果管理，有了绩效结果，才能够启动评估与反馈工作。如果没有绩效结果，则无法启动评估与反馈。

有一个公司从事进出口贸易工作。由于近年来许多商品的进出口关税降低，大量的进口商品涌入国内，外贸生意是一个看上去非常不错的生意。因此，该公司与智利的一家红酒公司签订合作协议，将智利红酒带到中国，带给自己的客户。

为了促进市场销售，并快速打开市场，该公司总经理采取了绩效营销策略。每一名员工分摊了年营销20个货柜的绩效目标任务。有了目标，员工便积极营销。半年过去了，该公司的营销任务完成了60%，似乎有提前完成任务的迹象。因此，该公司开始了年中的绩效结果分析与评估。绩效分析会上，员工们积极发言，分享各自的经验，并采取"头脑风暴法"和"鱼骨分析法"找到绩效营销过程中存在的问题。

评估总结会结束之后，该公司总经理将下半年的目标提高了10%，并承诺："如果大家完成了下半年的任务，年终的绩效奖励翻倍!"在老板的承诺之下，该公司员工如同打了鸡血一般，工作热情进一步提升。到了年底，该公司超额完成任务，超出原计划的20%。公司总经理兑现承诺，每一名员工拿到了6万元的绩效奖金。

这是一个成功的案例，它的成功之处在于：公司总经理严格按照绩效管理的方式，以目标为导向，以绩效结果为依据进行评估与总结。有了绩效结果，所有的评价工作才能正常有序地开展。评估与反馈工作落实到位，管理与执行中存在的问题得到妥善解决，绩效业绩自然就不会太差。

与这家成功的公司相比，另一家公司却没有按照绩效管理的方式去落实工作，最后落得一个“费力不讨好”的下场。

有一家公司名叫茂源商贸，该公司主要经营电线、电缆。公司老板看到其他公司都在采用绩效管理，因此也将绩效管理体系搬到了自己的公司，希望通过绩效管理提高员工的积极性和产品销量。

有一年，公司的产品销售遭遇“寒流”，产品销量一路下滑。事实上，这样的问题属于市场问题，整个产品市场都遭遇了“严冬”。按理说，在当前环境之下，企业老板应该调整绩效考核目标，对接受考核的员工进行重新承诺。但事实上，这位老板并没有这么做，而是采取了另一种方式——即时奖励。

所谓“即时奖励”，就是根据销售局面，随手奖励。比如，有一名员工当天营销产品达到10万元，该公司老板就从“利润”中拿出10%进行直接奖励。换言之，即时奖励取代了绩效奖励。有人好奇地问：“难道这样的奖励方式与绩效奖励的方式不同吗？”事实上，这两种奖励方式差异很大。“即时奖励”存在较大的偶然性和连续性，随着奖励次数的增多，员工的“胃口”也会越来越大，随之将会造成“激励失败”。绩效管理则是一种长效管理机制，它以最终的“绩效结果”为评估依据，科学、公平地对员工进行奖励和处罚，且绩效结果具备评价和指导意义，而即时奖励的结果则不具备“代表性”。

到了年底，该公司原本应该按照之前的“绩效约定”进行绩效考核，最后却不了了之。该公司老板给出这样一个答案：“之前都已经奖励过了，这一次也就不需要奖励了。”员工对于老板的这个决定，表面上“支持”，背后却议论纷纷。其中有一名员工说：“老板没有兑现承诺，恐怕与绩效结果较差有关。”老板没有进行最后的绩效结果评价，仅仅进行了简单的工作总结和员工表彰。

没有把绩效结果当作评估依据，也就无法起到绩效管理的作用。后来，这家公司“废除”了绩效管理体系。用该企业的一位管理人员的话说：“绩效管理，我们不适用。”

上面这个案例，老板并不重视绩效结果的运用，因此也就无法收到绩效考核的效果。如今，许多企业都在采用绩效管理，然而却没有体现出绩效管理的意义和价值。一方面，企业管理者缺乏一种严谨的执行态度，仅仅把绩效管理当作一种管理噱头，利用这种噱头向员工施加压力；另一方面，许多管理者并不重视结果的运用，而是采用一种看上去更加“实用”的奖励方式去取代评估与反馈，最后反而没有起到有效管理的作用。

七、缺少绩效管理体系的诊断

有一位企业管理者说：“企业进行自我的管理诊断是一种提升企业管理能力的方式方法。精细化管理需要精细化的诊断方法，绩效管理需要绩效诊断方法。”管理诊断是一种能够推动企业健康成长的经营活动，管理者或者专家团队通过管理诊断，能够找到绩效管理体系中存在的各种问题，并建立问题解决模式，解决管理问题，优化绩效管理方案，提升管理效率和管理质量。如果一家企业没有绩效管理体系的诊断方案，就难以提升绩效管理的质量。绩效管理的“疾病”解决不了，可能还会加重管理的问题。

管理诊断如同医生给病人诊断，讳疾忌医的病人如同缺乏管理诊断的企业，永远难以治愈自身的“疾病”。

有一个工厂，工厂的厂长是一个非常固执的人。他坚信自己的经营理念没有错，经营的方向也没有问题。起初，该企业一路高歌猛进，经营效益非常好，产品也具有一定的市场竞争力。进入互联网时代之后，该企业的产品销量开始减缓，营销利润也开始走低。在这种情况之下，该工厂启动了绩效管理体系，借助绩效管理“倒退硬逼”，希望逼出员工的潜能。

开展绩效管理活动的前两年，该工厂收到了不错的效果，产品销量反弹，销价上涨，年利润也有所提高。到了第三年，该工厂的生产经营管理问题再一次暴露出来，原料采购成本高，生产经营成本更是居高不下，产品利润空间缩小，甚至出现了亏损的状态。就在这个时候，厂长的一位朋友建议：“工厂发展了这么多年，一定留下了不少隐患。这些隐患不进行排除，管理就会遇到问题，效益也难以有效提升。你不妨组建专家团队，对企业做个 CT 扫描（电子计算机断层扫描，可用于多种疾病的检查），检查企业存在的问题，然后想办法把这些问题解决掉。问题解决了，工厂才能发展！”

但是这位固执的管理者认为：“工厂的管理和决策没有任何问题，工厂面临的现状，只不过是市场大环境造成的。我相信未来的市场会转暖，工厂的效益会提升。”有人说：“刚愎自用是不会有好结果的。”

随着时间的推移，该工厂的管理状况似乎出现了“失控”的状态，效益一路下滑，濒临破产。老厂长选择了退休，新厂长则选择了另一种管理经营模式。

新厂长刚刚上任便采用了“专家诊断模式”对企业进行绩效管理诊断，通过诊断发现了四个大问题：执行力的问题、管理授权的问题、产品定价的问题和生产工艺老化导致成本居高不下的问题。问题找到了，管理专家团队便开始解决问题。

经过半年时间的努力，该工厂的面貌发生了转变。管理效率提升了，执行力得到了加强，生产设备进行了升级，生产成本得到了有效控制，员工能够在“绩效考核”中拿到承诺的奖金，工作精神面貌也有了较好的改善。两年之后，这家工厂恢复了元气，并且上马了新项目。

既然绩效管理体系离不开绩效诊断，那么绩效诊断到底有哪些好处呢？通常来讲，有以下四大好处。

1. 改善管理现状

当一个企业出现管理问题时，则说明该企业遭遇了相当大的麻烦。就像一个病人，只有了解自己得了什么病，才能够对症下药。很显然，管理诊断就是一项诊断检查工作，通过诊断查找出企业存在的管理问题，管理者才能够对企业的现状了如指掌，继而有针对性地进行管理决策，解决企业存在的问题。

2. 调整绩效目标

许多企业只有一个永恒不变的目标，而这个目标有时候是难以实现的。绩效管理目标是一种可实现的目标，不可实现的目标是不具备绩效考核价值的。如果企业管理者进行自诊，就能对当前追求的绩效目标进行评估。如果绩效目标存在问题，管理者就需要对该目标进行及时调整，提高目标的兑现率。

3. 重新布局资源

许多企业都会遭遇“资源配置问题”，如果资源配置不合理，企业发展就会面临考验，管理也会遭到限制。有一些企业管理者能够通过管理诊断找出资源配置不合理的问题，通过重新配置资源、优化资源，达到资源优化配置的目的，从而提高管理质量。

4. 弥补管理者的自身缺陷

管理是一个复杂的机制，管理学同样是一门无法“一概而论”的学问。企业管理者想要做好管理，不但需要自诊，还需要督促自己不断学习，提高自己的综合素养。

总之，绩效管理诊断工作是一项非常重要的工作。

第四章　绩效管理丢失的三个关键点

一、指标不等于目标

一个人需要有人生目标，一个企业需要有企业发展目标。有了目标，也就有了方向和实现目标的可能。目标有短期目标、中期目标、长期目标，也有终极目标。有人说："有目标才有成功的可能，没有目标不可能成功。"绝大多数的企业和个人都渴望成功，其中制订目标是走向成功的第一步。绩效管理就是以目标为导向的管理方式，有了目标才能够制订绩效管理方案和绩效考核制度，并形成具体的绩效考核方式，借助考核、监督、评估与奖励，提升绩效成绩，实现绩效目标。从某种程度上讲，目标与愿望是相通的。

目标是一种预期，也是一个人或者企业期望达到的高度。比如，有一家企业制订了年销售额10亿元的目标，如果能够完成10亿元的年销售额，也就能够完成自己的期望值，如果没有实现，就需要查找原因，第二年继续努力。目标是一种"愿望"，但是与"愿望"还有本质上的区别。前面我们讲到目标的SMART原则，目标是一个矢量，是实实在在的；愿望是一个抽象的东西，很难进行评估和衡量。人们为了完成目标，就需要付出大量的行动。行动是什么呢？行动是一系列的行为活动的组合，它包含目的、时间、结果。因此，目标也具备目的、时间、结果的三个元素。如果我们用一句话去总结：目标就是一种具体的、具有行为活动属性的愿望。

在绩效管理体系中，还有一个词：指标。许多人说："目标与指标是一回事。"果真是这样吗？

我们再来看看指标的定义。什么是指标呢？指标是一种衡量递进程度的工具，它能够对阶段性或者整个过程的"管理—执行"给出一个较为清晰的答案，这个答案包括数量多少、程度好坏、水平高低等。从概念上看，我们就能区分出什么是目标、什么是指标。目标与指标是完全不同的两个概念，目标是"寄希望"达到的境界或目的，指标是"限定范围"的一种衡量工具。

有一家公司，主要从事软件开发与市场营销。这家公司的老板是一个严格按照科学管理流程进行管理的人，因此也引进了绩效管理体系辅助他进行企业的梳理与管理。

该公司制订了一个年目标，即软件年销售额6000万元。除了年目标之外，该公司制订的绩效考核指标也是6000万元，并且将绩效指标进行分解，每个月的月绩效指标为500万元，月绩效指标又进行了分解，10名营销人员分别分配了50万元的月绩效指标。考核规定：如果每一名员工当月完成绩效指标，将会拿到绩效奖金，超出绩效指标的部分按照超出利润的10%进行奖励；如果低于绩效指标，将按照具体的完成程度进行相关比例的绩效奖金的发放，低于绩效指标的80%，将停发绩效奖金。从这个考核规定上看，绩效指标是一个绩效考核工具，绩效考核是从80%的绩效指标进行考核的。

第一个月的考核结果出炉，该公司的10名销售人员全部完成了营销任务，达到了绩效考核标准，并如愿拿到了绩效奖金。到了年底，该公司10名销售人员有9名完成了全年分解的绩效指标，而完成的销售总量超出了年经营指标和年销售目标，超额完成了任务。

公司老板根据指标进行奖励，并最终进行年底管理评估。评估工作结束之后，这位老板总结道：“员工们用自己的行动实现了目标，与此同时也完成了自己的指标，拿到了自己应得的奖励。”从这句话中，我们不难看出，目标是行动方向和行动可能导致的结果；指标是一种任务，带有一种命令，是需要考核的部分。

目标是一个具体的数字，这个数字体现了一个企业的愿望；指标也是一个具体的数字，这个数字代表着企业需要完成的实际数字，带有一种命令、考核和衡量的意味。换句话说，指标等同于一把“刻度尺”，它能对员工的阶段性工作质量做出精准评价。比如，有一家公司年底绩效结果出炉，某部门需要完成的绩效指标是年销售额1000万元，实际完成了1100万元，超出指标100万元。从这个结果上看，该部门不但完成了公司考核的任务，达到了考核标准，并且能够从中“兑现”到不错的绩效奖励；而另一个没有完成绩效指标的部门不但没有全额拿到绩效奖金，而且进行了深入的“年底指标分析会”，检查自身存在的问题，有则改之，无则加勉。

目标与指标虽然不是一个东西，却是相互配合、相互关联的两个元素。目标为指标提供了方向和目的，指标为目标的实现提供了刻度。在绩效管理体系中，目标与指标共生，需同时存在。

二、考核不等于管理

还有一些管理者总是把考核和管理混为一谈。考核是管理吗？有一位企业家给出了这样一个解释：“绩效考核的目的是加强管理。或者说，它是管理的其中一个方面、其中一个环节。”绩效管理是一个体系，这个体系非常庞大，它包括绩效目标的设定、绩效计划的安排、绩效指标的分解、绩效工作的执行、绩效过程的监督、绩效任务的考核、绩效结果的评估等，并最终形成管理闭环。由此可见，绩效考核是绩效管理中的一个环节，只不过这个环节在整个绩效管理体系中较为特殊和重要。

现实中，有一些管理者希望绩效考核能够取代管理，并发挥相应作用。比如，有一家饲料加工企业，发展迅速，如今拥有企业员工 300 多人，年营业额超过 1 亿元。随着企业的不断壮大，企业管理者就必须改变粗放型的管理模式，走一条精细化管理模式的路。因此，该企业老板引进了绩效管理，并将模式套用到生产、经营环节中。

以营销为例，这位老板有一个思路：“只要员工卖得足够多，能够超额完成任务，我就积极进行奖励。绩效管理是什么？不就是奖励绩效好的员工吗？”带着这种观念，这位老板将绩效管理的重点放在绩效考核方面。

有一年，国内饲料行业赶上了“春天”，不但饲料价格暴涨，而且销量也猛增。这家饲料企业的经营状况非常好，销售人员均能够完成绩效考核任务，企业老板的“绩效奖励”也非常大方，员工拿到奖励之后干劲儿高涨。此时的企业老板认为：“绩效管理的本质就是考核，只要是以考核结果为主的绩效管理，就能够发挥管理作用。”

半年之后，饲料市场急转直下，市场需求减少，产品价格下跌，这家饲料企业也不可避免地遭遇营销难题。为了促进营销，倒逼员工，这位企业管理者说：“只要能够完成绩效指标，一切都不是问题。”事实上，过于注重绩效考核结果的做法开始产生了“副作用”。比如，销售员工无法打开营销市场，企业内的库存告急，大量积压的货物也让企业的资金链吃紧。员工无法完成考核指标，因此无法拿到绩效奖金。拿不到绩效奖金，便开始有了消极情绪。

此时有一个朋友向该企业的老板建议："你要多检查一下企业自身存在的问题。比如企业的目标制订，企业的营销计划安排，企业的生产计划安排等方面。绩效考核仅仅是其中一个方面，并不是绩效管理的全部。如果单纯为了考核而考核，也就失去了绩效管理的意义。"

刚愎自用的老板终于放弃了之前的坚持，按照朋友的建议去改变、调整。首先，对企业的绩效考核指标进行了下调，并与员工达成了一致；其次，企业开始对之前的管理进行诊断，并聘请了问题专家帮助企业解决问题。问题找到了、解决了，企业的管理质量也就得到了提高。管理质量的提高，带来的是员工执行能力的提高、产品销量的改变以及企业效益的提升。除此之外，企业的形象也得到了改善。

绩效考核是绩效管理中的一个重要环节，却无法单独于绩效管理而存在。它只有在绩效管理处于良性运行状态的情况下，才能够发挥作用。绩效管理中的目标是所有管理工作的前提，目标的制订与计划的安排决定了绩效管理的终极走向。绩效管理的目标需要形成具体的绩效管理指标，并将指标分配到每一个岗位，落实到每一个考核责任人。接受考核的员工在整个工作过程中，需要在企业的授权指导下完成相关工作，并配合管理者进行管理工作的决策和安排，体现出执行人自己的特点。

绩效管理既有管理部分，也有执行部分，更有考核部分和评价部分。绩效考核的价值主要体现在四个方面：第一，对员工的工作进行评价，根据评价结果给出奖励或者处罚；第二，建立起"长效与短效"结合的绩效激励模式，对员工进行长期激励；第三，形成科学的薪酬体系，借助薪酬体系解决相关问题；第四，为下一步的目标管理、目标分解做准备。另外，绩效考核并不是为了考核而考核，而是为了催化和驱动。

绩效管理需要绩效考核的参与，但是绩效考核不能脱离绩效管理体系而单独立项。企业管理者要想让绩效管理发挥作用，仍旧需要坚持科学的管理态度，按照科学的管理运行规律和运作流程去安排执行，才能够起到绩效管理的作用。

三、兑现不等于改善

如今，许多管理者都能够如实兑现承诺，凡是完成业绩考核者，都能够 100% 地拿到绩效考核奖金。兑现，是能否顺利开展绩效管理工作的关键因素。但是有人问："老板兑现自己的承诺，是否就意味着企业的管理就能够得到改善呢?" 答案：不一定。

兑现并不等于改善，"改善" 工作无法通过一个环节来体现。比如，绩效考核是为了督促员工完成工作，绩效奖金的兑现仅仅是对员工工作行为的评价。员工完成了绩效指标，企业就会按照相关规定进行奖励；没有完成绩效指标，也会按照相关规定给予承诺。但是 "兑现" 与 "奖励" 仅仅是一种评价和相关工作的落实。

某化工企业的老板王亮似乎掉进了 "兑现" 的陷阱，他认为："如果老板能够兑现自己的承诺，员工也需要付出自己的努力和汗水，给企业创造财富。" 这句话听上去似乎没有错，兑现承诺具有一种协商、合作的目的，但是仔细分析，似乎并不这么简单。

化工企业这几年受环保政策等的影响，效益并不太好。为了提高企业效益，该公司也采取了绩效管理体系，用绩效考核督促员工提升自身的竞争力和执行力。

有一年，王亮向员工发话："只要大家能够完成今年的指标，我将额外奖励奖金给大家。"听到这句话，许多员工铆足了干劲儿，一鼓作气完成了绩效指标。老板也是一个爽快的人，如实兑现了承诺。此时，这位老板发现，如果自己能够兑现承诺，员工就一定会认真工作。"经营之神"松下幸之助说："管理即人。"只要员工听话，执行力强，企业的管理就不会存在问题。

事实上，这种观点是不对的。管理过程中，虽然"人"起到了主导作用，但是还有其他"非人因素"，比如企业的资源配置、企业的计划统筹、企业的管理评估总结等。另外，管理者的决策是否科学无误也会决定企业的管理发展走向。事实上，这位管理者后来也遇到了问题。

第二年，王亮的企业经营效益再次遭遇了下滑。王亮认为："我还需要继续提出兑现口号，让员工看到奋斗的目标和方向。"口号喊出去之后，员工似乎有心无力。半年过去了，员工们的绩效成绩并没有得到提高，王亮也非常着急，于是找员工进行谈话："在执行过程中，你们遇到了什么障碍？难道担心我不兑现承诺吗？"

这位员工说："老板，并不是这样的。其实我们已经尽力了。我们公司的产品成本确实有些高，利润空间小了。如果提价，销量就无法保证；如果降价，销量有了，但是利润就无法保证。依我看，生产部门要想办法改进工艺，降低生产成本。"

另一名生产部门的主任对王亮说："老板，生产工艺流程的改造花费很大，而且同样存在风险。另外，我们公司采购的原料成本也较高，是否可以从原料方面入手解决一下问题？"

到了最后，王亮发现：企业存在较为严重的管理问题，而这些问题并不仅仅是"人"造成的。后来，王亮转变了管理思路，一方面继续兑现承诺，另一方面开始搭建"管理纠正"体系对管理进行诊断，并想办法解决企业管理中已经存在的问题。

有人问："如何才能优化企业管理呢？如果'承诺'做不到，如何才能做到？"首先，企业管的是什么？如果企业不存在"人"的问题，甚至流程也是完美的，制度也是健全的，企业管理者就需要对企业进行绩效诊断，查找企业存在的问题。换句话说，企业管理，管的是"问题"，把管理中存在的问题解决掉，这样的管理就是成功的。其次，企业是否有一个"最优成本模式"呢？在我看来，如果一个企业能够找到这样一个"最优成本模式"，管理将会得到改善。管理的最终目的是挖潜增效，而绩效管理也是如此。不管是提高销售价格，还是降低生产成本，都是一种"成本模式"。最后，企业是否有一个"最佳效率模式"呢？所谓最佳效率，就是员工的执行力能够最大限度地转化成效益产出。有些企业，员工非常听话，工作也非常卖力。但是执行力与产出不成正比。如果出现了这种现象，则说明企业的"管理"出现了问题，而这个问题并不是一句"承诺"能够解决的。如果管理者能够找到"最佳效率模式"，也就能够优化管理，提高员工的绩效。

兑现仅仅是一种对"承诺"的正面答复，或者是绩效考核结果的一种落实。但是兑现并不能优化管理，兑现仅仅是优化管理中的其中一个"项目"。管理者想要优化管理，还需要对企业进行全面诊断，提前发现管理问题。

PART 2

KPI考核法的定义和存在的问题

第五章　KPI 考核法的概念和特点

一、KPI 考核法的定义

绩效考核的方式方法有很多，KPI 考核法就是经典的考核方法之一。KPI 考核法是一种关键指标考核法，也是业绩合同的重要组成部分。KPI 英文全称为 Key Performance Indicator，是通过企业内部流程的输入和输出两端的关键考核参数的设置、分析、计算等方式，衡量企业的管理绩效和员工的劳动绩效，并根据绩效数值进行管理优化工作。

KPI 指标是一个量化的指标，只有量化的指标才具备考核、衡量的价值。既然 KPI 考核法是关键指标考核法，那么企业里面的关键指标都有哪些呢？不同的企业，关键指标也不同，甚至不同的部门也有不同的关键指标。因此，确定关键指标对开展 KPI 绩效管理工作是非常关键的。现实中，选择并确定关键指标是一项难度较大的工作。

首先，KPI 关键指标来源于企业的战略。

每一个企业都有自己的战略，比如，有一家企业的战略是 3 年销售额达 10 亿元，5 年实现三板上市。如果有了这样的战略，也就会产生企业目标和企业计划。总计划产生之后，企业就会对总计划进行分解，分解出阶段计划，根据阶段计划制定出阶段性指标。在阶段性的指标里，有核心指标，也有普通指标。核心指标即KPI考核指标，这一类指标具备明显的“管理驱动”作用。如果对管理驱动产生不了价值，这样的指标就不是KPI关键指标。

其次，KPI关键指标来源于岗位的分工。

对于一个企业而言，岗位分工是非常重要的。有一位管理学者认为：“岗位架构和岗位分工是一切管理与执行工作的基础。如果做不好岗位分工工作，也就无法开展企业管理经营工作。”指标考核是落实岗位责任工作的基础，也是督促岗位工作执行力度的先决条件。对于一个企业而言，各项指标能够平衡企业岗位的工作状态。如果一家企业具备稳定、合理的岗位分工制度，那KPI关键指标可以从岗位分工中萃取出来。

再次，KPI关键指标来源于同行业优秀竞争对手的管理经验。

许多新兴企业在没有开展KPI考核管理工作之前，都要走模仿和套用之路，而模仿的对象就是同行业内的佼佼者。比如，某化工企业将某家世界500强企业列为学习对象，并派人去该企业进行学习。学习之后，将对方企业的管理经验和KPI指标制订方法套用到自己企业的身上，然后将KPI关键指标萃取出来。

最后，KPI关键指标来源于相关行业标准。

还有一些企业按照行业内的相关标准去遴选KPI关键指标。比如，某危化品企业有相关的检验检查标准，而这个标准具有严控意义。因此，这类企业会直接将行业内的标准，或者行业要求的指标当作KPI考核指标，而这一类萃取和设置具有直接意义。

KPI关键指标遴选出来之后，就需要将考核指标纳入考核体系中，借助体系的“势”去运行和考核。在这里需要再次强调，KPI指标仍旧是一种指标，指标是一种考核工具，它与目标有本质上的不同。关键指标即体现出“关键”的特点，因此并不是越多越好，而是要体现出少而精的特点。有一些企业管理者盲目选择了多项KPI指标去考核，最后却顾此失彼，没有把握住考核的重点，反倒起不到绩效考核的作用。

通常来讲，企业管理者可以按照岗位类型选择 KPI 考核指标，具体的选择类型有以下三种。

第一，上山型岗位。该岗位类型选择 KPI 指标相对比较简单，主流业绩往往占据比较大的份额，比如，某销售部门主要负责产品营销，产品营销份额占了主体责任的 50% 以上，因此选择销售业绩指标作为 KPI 考核指标是比较重要的。

第二，大路型岗位。该岗位属于工作内容较多，岗位责任项目的"重要性"较为平均，因此选择 KPI 考核指标存在一定的难度。企业管理者想要解决这样的问题，就需要把职责类岗位 KPI 指标放在首位，而其他考核指标次之。

第三，下山型岗位。对于这一类岗位而言，员工工作更加依赖流程。换句话说，员工的执行力决定其工作的质量和状态。比如某企业的财务部门，财务做账和财务报税都需要严格按照流程标准去执行，并且要使自己的工作精细化，防止犯错。因此，下山型岗位往往把"执行力"作为考核重点，并制订出相应的 KPI 绩效考核指标去考核。

KPI 绩效考核法是一种常见的、传统的、应用广泛的绩效考核法，常常被企业组织拿来使用。但是任何管理方法都需要辩证地使用，否则也无法体现出 KPI 绩效管理方法的特点和优势。

二、KPI 考核法的特点

KPI 考核法是非常常用的一种考核法，企业组织希望通过该方法快速实现绩效转化。有一位企业家说："世界上并没有最好的管理办法，只有最适合自己的管理方法。KPI 是否适合一个企业，还需要辩证使用，并且需要找到考核的关键点和关键项。"

通常来讲，一个企业有许多部门，每一个部门都有自己的职能。是不是每一个部门都适用于 KPI 绩效考核办法呢？前面我们讲到三种岗位模式，三种岗位模式所考核的方向是不同的，有的考核业绩，有的考核职责，有的考核执行力。不管如何，绩效管理的目的并不是考核，而考核的目的是促进管理。因此，管理者需要深入了解 KPI 考核法的相关特点，并从各个岗位中萃取出需要考核的关键指标。那么 KPI 考核法都有哪些特点呢？

1. 分解企业组织的战略目标

一个企业想要进行绩效考核，就需要制订绩效考核的总目标。绩效考核的总目标与企业组织的战略目标息息相关。比如，有一个公司的目标，就是三年内达到业内顶尖规模，并拥有“人才—科技—商业”于一体的综合型商业体。有了战略目标，就需要进行目标的“落实”工作。为此，这家企业将战略目标进行矢量化、数据化，形成一个绩效考核的总指标，然后再将这个指标进行细致分解，每一个部门、每一个人都有需要考核的指标，而这个指标可以是 KPI 核心指标，核心指标与企业的核心利益息息相关。

2. 有效反映出企业的驱动因素

KPI 指标的提取，意味着企业重视核心利益，并希望通过考核 KPI 的方式提高员工的执行力和企业的驱动力。比如，有一家软件公司，它主要的核心领域有两个方面：第一个方面，是软件技术的提升和研发；第二个方面，是软件市场区域的开拓与营销。因此，软件开发和软件营销相关的 KPI 指标就能够有效反映出软件公司的价值核心和驱动因素。KPI 指标不仅仅是一个指标，它还是驱动因素变化的衡量标志。如果软件公司的核心 KPI 指标能够得到落实，软件公司的“核心利益”也就得到了保障，也就能够驱动软件公司的发展。

3. 对业绩结果中的关键部分进行考核

对于一个企业而言，绩效结果是非常重要的，它能够反映出一个企业的管理状况、执行状况、员工的精神面貌，以及企业的资源配置情况、岗位分工等一系列的元素。在这些元素中，有些元素对业绩结果能够产生更加强大的影响力，这些元素就是需要进行考核的关键部分。从该部分中萃取出的 KPI 数值，就是 KPI 考核指标，指标对应的对象，即被考核的执行人。现实中，企业管理者只需要考核关键指标就可以达到管理的目的，比如，某企业对销售部门考核 KPI 销售指标，对安全部门考核 KPI 安全指标，对生产部门考核 KPI 产量和质量指标。这些指标，都属于影响业绩结果的“重要部分”。

4. 有效反映重点管理经营活动

有人问：“KPI 能够反映出管理执行的过程吗?”事实上，KPI 只是一个衡量工具，这个工具只能对经营结果进行衡量，而开展 KPI 绩效管理活动的过程中，能够督促执行人或者执行部门坚持按照流程或规章制度进行操作，但是无法反映出整个执行操作过程的状态。换句话说，企业管理者想要加强执行操作过程的管控力度，需要借助其他的管理模式。另外，一个企业常常会采用“多模式”进行管理，从而形成合力。但是，KPI 指标却能够有效反映出一个企业的管理经营活动。

5. 能够让管理者与被考核者达成一致

KPI 管理虽然是企业管理者采用的管理模式，而 KPI 指标也是企业管理者所设定的，但是企业管理者想要开展 KPI 管理工作，需要与被考核人达成原则上、沟通上、利益上的一致。原则上，管理者与被考核者是管理与执行的关系，而这种关系并不是一种“上下级关系”，也不是一种“命令关系”，而是一种“合作关系”，这种“合作”在管理制度的监督下实现。沟通上，管理者与被考核者需要搭建起“长效沟通桥梁”，在“管理—执行”过程中，需要不断进行沟通，而 KPI 指标也是通过沟通而制订的指标。利益上，管理者与被考核者具有相同的利益，管理者制定的考核方案与奖励方案是一种“双方利益攸关”的方案，而不是一种“单方利益攸关”的方案。因此，KPI 能够体现管理者与被考核者的合作关系，并让管理者与被考核者达成合作上的一致。

如果企业管理者能够了解 KPI 的特点，也就能够根据其特点设定 KPI 指标和 KPI 管理考核方案，而 KPI 指标需建立在企业的愿景和战略目标之上，才能够发挥出 KPI 考核管理的作用。

三、KPI 考核法的作用和价值

微软前总裁比尔·盖茨说过一句话：“考核的结果，会发现哪些人被大材小用。一个优秀程序员创造的价值，可能是一个普通程序员的一万倍。难道要我立刻将这些优秀程序员的薪资提升一万倍吗？所以，一个好的利益分享机制要比单纯的绩效考核重要很多。”换言之，绩效考核仅仅是管理体系中的一个环节，KPI 考核法与利益分享机制不是一回事，但是 KPI 考核法却可以完善企业的管理机制和利益分享机制。

有一位企业管理学者认为：“KPI 是一种工具，或者是一种杠杆，它并不能直接产生作用。”当然，对于 KPI 的评价和认识，至今停留在“婆说婆有理”的阶段。KPI 考核法到底具有怎样的作用和价值呢？

1. KPI 考核法有四大作用

（1）确定绩效目标。通常而言，一个企业有总体的目标，然后会按照“目标—指标”转化法则将目标进行指标化。KPI 是关键指标，关键指标要落实到企业的各个部门和每一个被考核人的头上。言外之意，KPI 考核的首要作用就是帮助企业组织和管理者确定考核目标、考核指标和考核范围。

（2）控制目标执行过程。前面我们多次提及，绩效管理有“监督”和“指导”的功能，即监督员工的工作行为，指导员工按照正确的方式去执行。KPI 考核法也是一套“优异”的绩效管理方式，因此也能够帮助企业组织和管理者控制绩效目标的实施和执行。

（3）发现问题、解决问题。绩效管理还有一个特点，就是检查与评估。KPI 绩效管理也如出一辙，企业组织通过阶段性地评估与检查，可以从中发现问题，萃取问题，建立起“问题专家”模式，从而想办法解决问题，改进管理，并将相关信息反馈到相关部门和直接责任人。

（4）提供评价依据。KPI 考核结果能够较为客观、正面地反映出一名员工和一个部门的工作效率和执行力的状态，给企业组织和管理者提供考评依据。企业组织之所以进行评价，是因为一方面能够鼓励员工再接再厉，另一方面还能够起到警示作用。这个作用，也是 KPI 考核的核心作用。

2. KPI 考核法有五大价值

（1）建立执行环境。讲到“执行”二字，许多老板都会头疼。很显然，执行是整个企业管理环节中最重要的部分。许多企业采取绩效管理的目的，就是搭建有效的执行环境，提高员工的劳动绩效。KPI 绩效管理同样具有这样的功能和价值，它可以帮助企业管理者建立“管理—执行”环境，推动企业的战略执行，让员工重视绩效。

（2）建立管理沟通环境。对于一个企业管理者而言，管理需要建立在沟通基础之上。传统的管理，是一种命令式的管理。管理者发出命令，员工需要无条件地执行命令。如今，绝大多数企业都采取人性化的管理模式，老板与员工之间的关系由传统的雇佣关系转变为现代的合作关系。KPI 绩效管理需要沟通才能够实现，因此，KPI 具有建立管理沟通环境的作用和价值，能改变企业老板与企业员工的“传统合作关系”。

（3）让管理者和执行人明确企业的核心价值。企业的核心价值到底是什么？恐怕许多人都回答不上来。KPI 是关键指标，如果能够从部门和岗位中萃取出 KPI 关键指标，也就能够明确企业发展的核心价值了。因此，KPI 能够让管理者和执行人明确企业的核心价值，并清晰地梳理出管理执行思路。

（4）让管理者集中力量抓关键。对于一个企业而言，企业有许多管理目标，如生产目标、经营目标、安全目标、环境目标、技术升级目标等，在这些目标中，总有几个核心价值最大的目标。如果管理者能够找到并萃取出 KPI 目标和 KPI 考核指标，也就能够集中力量抓关键的环节，发挥优势，整合资源，开展驱动力最大的企业经营活动。

（5）给管理者提供诊断依据。KPI 诊断类似于医生给病人进行检查，一名患者来医院看病，医生对他进行检查并诊断出：该病人患有糖尿病合并眼底病变，最后开具治疗糖尿病的药方。事实上，“糖尿病”是最主要的病症，而眼底病变只是糖尿病导致的衍生病变。只要血糖能够得到控制，眼底病变也将得到控制并延缓。KPI 诊断同样可以给管理者提供这样的诊断依据，让管理者有针对性地做出改变，并优化企业的管理。

一位企业家说：“KPI 不仅是一个管理手段，而且还是一种价值分配模式。员工能够通过自己的劳动获得相应的报酬，是一个较为成熟的管理方式，它可以帮助员工获得劳动价值，并因此获得自信和自我价值的实现。”还有一位管理学者认为：“一个成功的企业都有自己的价值倍增体系，而 KPI 能够帮助企业搭建这种体系，并实现价值倍增与利益共享。”KPI 考核法能帮助管理者找到员工与企业合作的“黄金分割点”。

四、KPI 考核法的分类

KPI 考核法的分类有很多，不同的分类能够起到不同的作用。因此，企业管理者可以根据企业自身、部门、岗位等选择适宜于管控的 KPI 考核管理类型。通常来讲，KPI 考核法有三类，即效益类、营运类和公司管理类。

1. 效益类

从字面上看，效益类 KPI 考核法能够体现工作创造的效益。换句话说，管理者采用这类考核法的目的在于提升并衡量财务目标，并且能够为企业内的各个股东和员工带来利益上的体现。利益主要体现在三个方面：盈利率、盈利能力和盈利水平。比如，有一家贸易公司采取了效益类 KPI 考核法，并给每一名员工制订了销售指标和绩效任务，且绩效与员工的收入息息相关。员工努力工作，管理者想尽办法给员工的“营销”开绿灯，并且调动一切企业资源去辅助员工的工作。到了年底，企业完成了预先制订的效益目标，员工完成了绩效考核任务，企业因此获得了效益，且盈利率超过了往年。企业管理者通过这种方式可以获得资金，充实企业的现金流，提升企业的获利总额。

2. 营运类

从字面上看，营运类 KPI 考核法能够体现企业的运营能力。众所周知，企业的运营能力与企业的盈利能力是息息相关的。通常来讲，一个企业的运营能力越强，管理效率越高，盈利水平也就越强；一个企业的运营能力越弱，管理效率和盈利水平也就越低。如果一个企业的管理者能够提升企业的运营能力，将会解决许多方面的问题，如管理成本的控制、管理与执行控制的安全、环保管理质量、投资管理质量等。比如，有一家化工企业，该化工企业在当前环保政策下，需要调整环保技术能力，在符合国家产业政策的条件下经营才能够确保“万无一失”。因此，该公司的管理者采取了营运类的KPI考核法，加强与环保相关的考核与控制，提升企业的环保控制能力，以符合环保项目规定。还有一些企业非常重视“技术研发”，将其纳入KPI绩效考核，而技术的研发控制与管理同属于运营类KPI考核。

3. 公司管理类

公司管理类KPI考核更加倾向于企业人文建设和企业人才管理。如今，绝大多数企业都重视人才与人文。人才，是一个企业的发展基石，没有人才，也就没有企业的未来；人文环境则能够体现出企业的文化底蕴和品牌价值。有一位企业家说：“一个重视人才与人文的企业才能够提升管理质量和盈利水平。因为，人文环境决定管理环境，人才质量决定企业的执行力和竞争力。”许多企业通过开展公司管理类KPI绩效考核，搭建了人才与人文环境相结合的通道，形成一个可持续供给的“人才智库”。另外，企业在员工的职位聘任、组织培训、薪资福利等方面都有所关注并进行绩效考核，提高员工工作的满意度和工作的舒适度，营造一种“家”的感觉，并以此推动企业的价值观，升级企业的品牌文化。事实上，企业文化对企业的盈利水平也有直接和间接的影响。

企业在选择上述三种类型的KPI考核法时都有哪些注意事项呢？首先，企业在选择KPI管理类型之前，要从企业的实际需求出发。相同的企业在不同的发展阶段也会采取不同的KPI考核类型。有一位企业家认为：“企业的不同发展阶段会有不同的需求，因此需要管理者对企业管理进行重新解读，并选择适宜于当前发展的管理方式。”还有一些企业会同时选择一两种甚至三种KPI考核方式让不同的部门实施。比如，营销部门采取效益类 KPI，财务部门采取运营类 KPI，劳动部门或者人力部门采取公司管理类 KPI。其次，开展 KPI 管理工作之前，要做好思想沟通工作。有一些企业空降“考核管理方案”，缺乏与员工和相关部门负责人的沟通，靠命令去“强推”。这样的不讲沟通的“空降”游离于岗位工作之外。另外，还有一些企业只是为了“考核”而盲目地选择 KPI 类型，当管理者发现管理效果不佳时，就二次更换 KPI 类型，也会让管理更加混乱。

总之，企业管理者在开展 KPI 管理工作之前，需要做好充足的调研和准备工作，其中包括业务战略的制订、管理需求的确认、相关管理执行工作的沟通等。准备工作落实到位，还要对不同的 KPI 类型进行分析，结合岗位需求，试行 KPI 考核机制。在试运行过程中，管理者还要对 KPI 考核环境和管理状态进行不断调试，逐渐将 KPI 考核引入正轨。只有这样，企业才能够选择出适合自己的 KPI 类型，继而推动企业的发展。

第六章　KPI 考核法存在的问题及现状

一、KPI 考核法存在的五大问题

有一位老板姓闫，他的公司规模一天一天壮大，需要改变传统的管理模式，把现有的传统的管理模式向精细化、集约化、绩效化的综合管理模式转变。因此，有朋友向他推荐了 KPI。经过一番了解，闫老板决定在企业内推行 KPI 绩效管理，首先将 KPI 运用到经营部门。

开展 KPI 管理活动之后，每位经营部门的员工身上就有了 KPI 考核指标。第一个月，大多数员工如期完成了任务，并且能够拿到绩效奖金。到了第二个月，KPI 指标提升了，有 20% 的员工没有完成任务，这部分员工也因此没有拿到全部的绩效奖金。到了第三个月，KPI 指标进一步提升，大多数员工都没有完成规定的任务，所以他们也没有拿到绩效奖金。此时，有一位员工发牢骚："开展绩效管理三个月，拿到的总薪水比之前的还要少……但是我们完成的工作量却比以前大多了。如果下一个月 KPI 指标还要上涨，恐怕老板就要克扣我们的岗位工资了。"

于是，一位部门负责人代表员工去找闫老板沟通。闫老板是一个非常固执的人，他对这位部门负责人说："如果KPI指标不提升，员工就没有动力。过去，他们都懒散惯了，缺一根'鞭子'，KPI就是一根'鞭子'，我就要看看你们这些人的潜力。"沟通没有达成，KPI指标继续上调，员工们不但拿不到绩效奖金，连岗位工资也开始受到了影响。

到了第五个月，某部门的三名员工申请辞职，辞职的理由是：自认为自己的能力无法胜任岗位工作。在这之后的一个月里该公司陆续走了1/3的业务骨干，闫老板傻了眼。他施行KPI管理半年，除了前两个月达到既定的经营目标，剩余的时间都不如以前。最后，闫老板只好叫停了KPI，恢复了往日的考核体系。但是经过半年的"折腾"，这家公司也元气大伤。

或许有朋友会问："你前面不是说KPI是一种很成熟、应用面很广泛的绩效考核方式吗？为什么到了这里就不灵了？"在这里我们不得不重申：世界上没有"最好"的管理方法，只有"适用"的管理方法。如果企业管理者还没有了解绩效管理的精髓，也就无法把绩效考核的作用发挥出来。通常来讲，管理者在使用KPI绩效考核时，常常存在五大问题。人们也往往把这五大问题归咎到KPI的自身缺陷上。

1. 无法完成的KPI高指标

上面的案例中，闫老板就是一个喜欢高指标的人。为了考查员工的能力，他为员工们量身打造了一个高不可攀的KPI指标。在这样的指标面前，员工们傻了眼，他们万万没有想到，老板是这样一个"不切实际"的人。员工们无法完成KPI高指标，自然就会影响到自己的情绪。还有一些老板，为了实现这个高指标，会动用大量资源……这样的做法，多半是不合理的。

2. 不符合逻辑的 KPI

还有一些企业老板，是追求“管理减法”的老板，他们希望通过一种管理模式，解决自己的所有管理难题。比如，有位企业管理者引进KPI，他说：“我引进 KPI 的目的，就是让 KPI 代替其他复杂的管理，让管理变得更加简单直接。”事实上，KPI 仅仅是管理体系中的一个环节，凭借其中一个“环节”去代替整个管理体系，有悖于客观规律。

3. 喜欢处罚的 KPI

对于一个企业而言，管理者总会想方设法控制成本。控制成本的方式有很多，其中一项就是借助绩效管理去控制。有一位老板引入 KPI 考核的目的在于“处罚”。为了减少员工薪水的支出，他故意设定无法完成的 KPI 指标，员工完不成指标，他便启动处罚机制，克扣员工薪水。总之，这样的行为是不道德的，而 KPI 考核法也间接变成了不良老板的“帮凶”。

4. 忽略真正价值的 KPI

有一个企业，效益不好的时候，该企业采取了 KPI 绩效管理，在 KPI 指标的考核之下，效益有了增长，员工们纷纷拿到了绩效考核奖金。后来，企业效益越来越好，老板提高了 KPI 考核要求，员工反而拿不到绩效奖金，甚至还经常被扣罚。现实中，这样的案例非常多，如果企业管理者忽略了真正的企业价值而盲目开展 KPI 绩效管理，无疑是错误的。

5. 与绩效工资挂钩的 KPI

事实上，绝大多数的管理者只会用 KPI 去调控工资奖金。KPI 过于死板的指标，并不能给企业带来一种“弹性”的薪酬政策。完成者奖励，完不成者处罚……这种机械的考核模式常常令员工感到厌倦。

事实上，KPI 绩效管理方式并不是一种易于套入的管理考核模式，而它自身的缺陷和问题也常常给一个企业带来麻烦。

二、KPI 考核法是“失效”的考核法

许多企业老板妄图把 KPI 当作一款管理利器，希望它能够在管理上发挥强大的作用，既能督促员工全心全意工作，又能够确保指标的完成率。KPI 是否能够帮助企业老板们达成所愿呢？我们看下面这个小故事。

陈小鹏是某工艺品公司的老板，他的公司有 200 多人，年产值可达 3000 多万元。陈小鹏给自己制订了一个目标，即两年内实现年产值 5000 万元。为此，他优化并升级了生产设备，使员工的生产效率和生产环境都得到了提高和改善。为了达成所愿，陈小鹏引入了 KPI 管理。

KPI 管理是一种基于指标考核的管理，它往往与绩效奖励和工资薪酬挂钩。为了督促员工工作，陈小鹏制订了 KPI 指标。比如，营销部门有营销 KPI，生产部门有生产 KPI。在 KPI 的控制之下，员工们便朝着自己的目标方向努力前进。

起初，KPI 管理效果明显，员工们在老板各种口号的催动下，干劲朝天，似乎有一种突出重围、奋力一搏的架势。但是这种气势并不长久，不久后，员工们对这种机械的考核感到麻木，效率便开始下降。为了继续督促员工工作，陈小鹏便加大了考核力度，甚至还将 30% 的岗位工资纳入考核范围。此时，员工们终于坐不住了。

有一名员工说：“这个 KPI 完全是达摩克利斯之剑啊，我们得时时刻刻提防着它，一不小心掉下来就会让员工付出代价。”还有一些

员工则认为："老板采取这样的考核法，完全就是一种霸权政策。"事实上，这并非陈小鹏本意，他认为："我只是想培养员工的一种责任心，让员工学会感恩，让员工努力为企业卖命。只有这样，企业才能发展壮大，才能反哺员工。"

不知道是老板的经营理念过于高深，还是员工的领悟能力较差。总之，KPI 在这家公司并没有起到多大的作用。后来，陈小鹏否定了之前的经营思路，取消了 KPI 考核，而采用另一种"过程考核法"进行考核，最终，"过程考核法"起到了良好的效果，而 KPI 应用在这家公司以失败而告终。

为什么许多管理者把 KPI 视为珍宝，KPI 却总是不给管理者"好脸色"看呢?

首先，KPI 绑定的"变量"无法引起员工的兴趣。

许多企业管理者将 KPI 指标与员工的绩效奖金捆绑到一起，而绩效奖金到底占据了怎样的比例呢？有一份调查显示，某组织对 322 家采用 KPI 管理的企业进行调查，发现与 KPI 指标考核相关的浮动奖金只占了员工总收入的 24% 左右。换句话说，员工的主要收入来自岗位工资、岗位津贴、技能工资等，而浮动的奖金占的比例比较低。因此有人提出："老板们，你们为什么不把比例调高一点?"有一位管理者回答："如果绩效所影响的薪酬比例超过 40%，就会给企业人员管理带来较大的震动。"换句话说，考核比例太低，无法引起员工的兴趣；考核比例太高，就会引起员工的极大反对。到最后，KPI 便起不到相应的考核管理效果。

其次，KPI 管理与考核往往演变为"大家演戏"的闹剧。

许多企业采取 KPI 管理，虽然表面上给人一种非常严肃、正规的感觉，但实际上完全是"浮于表面"。比如，有一家化工企业，开展 KPI 考核多年，但是与多年前的管理状况并没有什么区别。企业内的一位员工说："我们公司的考核，都是上有政策，下有对策。比如，这个月任务完成得好，能够超出绩效考核指标很多。但是我们只上报能够完成指标的数量，而故意留出一部分放到下个月去体现。"对于高层管理者而言，他们认为："只要大体上的任务目标能够完成，考核与不考核的意义是一样的。"久而久之，上级与下级仿佛达成了某种"一致"，这种"配合"也就将KPI置之不顾，KPI考核管理也就形同虚设，很难起作用。

最后，KPI管理容易诞生"霸权"。

许多管理者设定KPI指标，并不是为了考核激励、优化管理，而是为了推行自己的霸权管理方式。虽然有一些企业老板能够与员工平心静气地一起设定KPI考核指标，但是绝大多数的管理者不喜欢与员工坐下来商量，而喜欢亲自设定指标，靠指标去"鞭笞"员工工作。如果员工完不成指标，他们便施行一系列的惩罚措施。另外，还有一些企业管理者喜欢凌驾于管理打分体系之上，亲自参与打分。比如，一名企业老板会全盘否定得出的考核成绩，然后亲自出马对员工进行绩效评价。这种"凌越"的行为，其实已经让KPI管理考核彻底失效了。

KPI是一种结果考核，这种过于重视关键结果的"考核模式"一直有较大的争议。企业开展KPI管理也往往会因各种各样的问题失去效果，不得不令人唏嘘。

三、KPI考核法让管理者"左右为难"

有一位著名的企业管理者认为："最好的管理是无为而治，取消各种各样的考核指标。"许多人一提到指标，就非常头疼。有一位企业员工曾经说："KPI考核，其实毫无意义。考核完不成，员工积极性不高；考核完成了，企业老板又想方设法少发奖金。指标有用吗？其实没有用。"还有一位企业管理者说："KPI指标中很多是没有用的指标，甚至有一些指标完全是给管理添乱。”

这里提到了无用的KPI，什么是无用的KPI呢？众所周知，KPI是关键绩效指标。如果一个企业给某个部门或者员工制订的KPI并不是关键的，这样的考核就显得没有意义。比如，有一家公司的老板是一个非常重视组织纪律的人，他在全公司开展组织纪律KPI考核，并明文规定迟到、旷工、缺勤等违反组织纪律的处罚计分。如果说，组织纪律对于常规的生产部门和普通的后勤部门来说是有意义的，在规范销售人员纪律行为方面就有一些过分和夸张了。许多销售人员因为陪客户、跑业务等正常理由被无缘无故地扣罚，其中一名销售人员说：“我们的老板并不希望我们外出跑业务，而是希望我们安分守己，坐在家里。”到了最后，该公司的销售业绩严重下降，该公司的管理者不得不叫停KPI纪律考核。

俗话说：“好钢用到刀刃上！”许多企业管理者并没有把KPI考核用到最准确的地方，或者说，无法从一些部门中萃取到有效的KPI考核指标。

南方有一家电子加工企业，该企业属于生产密集型企业，拥有员工2000多人。在这样的大型电子企业里，采用KPI考核似乎是顺理成章的事情。比如，流水线车间生产产量就可以进行KPI考核。因此，该企业的一位部门总监找到一位技术能手，记录技术能手单位时间内的生产加工数量，并以该员工单位产出的80%作为KPI指标对企业员工进行考核。

事实上，流水线生产虽然严重依赖员工的熟练程度，但是也存在较大的不确定因素。但是这家电子加工企业的负责人认为：“标准化生产，不仅要有标准的质量和流程，更要在数量上有所体现。”于是有人好奇地问：“这家企业的考核有价值和作用吗？”

一个月后，许多靠“计件”获得收入的员工们不高兴了，他们算了这样一笔账："计件工资比考核工资还要多，但是在绩效考核下，我们完成的工作量要比之前大得多，这样的回报与我们的实际付出不成正比。"于是员工们开始向上级部门反映，但是上级部门给出的结果是：继续考核。

该公司的老板仿佛尝到了KPI考核的"甜头"，所以继续强推KPI考核。但是令他万万没有想到的是，这些员工仿佛一夜之间商量好了，集体打了辞职报告离开了公司。临到旺季，该公司却因为KPI考核而遭遇用工荒。许多离职的人员在公司外面对自己的老乡说："千万不要去这家公司，这家公司福利差，收入低，考核还特别严，老板'毫无人性'。"

在这种情况之下，这位企业老板只能重新塑造企业的形象，提升员工的福利待遇，取消了KPI考核，继续沿用传统的计件给工资、加班给加班补贴、超产给超产奖的考核方式。

并不是所有的企业都适合采用KPI进行考核。上面这个案例，KPI考核失效的公司是一家劳动密集型公司，而这一类公司往往存在员工流动较大的现象，员工的利益如果无法得到保证，离职率就会快速飙升。在当下招工难的情况之下，许多企业老板宁愿舍弃KPI，也要想尽一切办法留住员工。有一位企业老板说："如今，员工是最得罪不起的人。如果KPI考核会得罪员工，我们宁愿舍弃KPI。"这位企业老板说这番话的时候，也颇有一丝无奈。

另外，还有一些企业老板仅仅是为了考核而考核，过一过考核管理的瘾。比如，有一个公司，老板特别喜欢考核，常常在考核总结大会上发言，并亲自向优秀员工发放奖金和证书。虽然这位老板乐在其中，并玩得不亦乐乎，但是绝大多数的员工却不这么看。其中有一位员工说："老板除了通过考核实现自己的官瘾之外，并没有给企业带来什么改变。"

后来，这家企业也舍弃了KPI。舍弃KPI的管理者是一位新上任的公司领导，这位领导认为："KPI考核难以与人性化管理兼容，想要兼而有之，几乎是不可能的事情。因为KPI考核的是结果，而结果一旦出炉，就需要按照既定的考核方案执行。"

如今，许多企业老板并不喜欢使用KPI，或者会谨慎使用KPI。KPI虽然已经风靡了全世界，但是同样存在许多问题，而这些问题常常让企业管理者左右为难。

四、KPI考核法是"僵化"的考核法

马云说过一句话："奖罚分明，打破'大锅饭'，打破平均主义。"从这句话上，我们能够感觉得到，一个企业想要取得成功，劳资分配特别重要。过去人们都在讲"多劳多得"。什么是多劳多得呢？就是付出劳动更多的人，将会得到更多；付出劳动较少的人，也就得到更少。这个思路是绩效思路的雏形，但是劳动多就一定要有相应比例的利益收获吗？显然不是。

如今，企业都在讲绩效，绩效是一种成果，劳动后有了产出，才是一种"劳动转化"。因此，有一位管理者说："企业考核的是成果，即谁带来的成果更多，就给谁奖励；谁带来的成果少，相应的奖励也少。"多劳不一定多得，但多成果一定多得。比如，有一名员工给企业创造了200万元的利润，而另外一名员工创造了300万元的利润，创造300万元利润的员工一定比创造200万元利润的员工拿到的奖励更多。当今时代，已经是一个根据"结果"发薪水的时代了。

在这样的时代背景下，KPI出现了。KPI关注结果，甚至以结果为最终考核目的，其对应的薪酬体系也是建立在结果考核之上的。阿里巴巴集团采取了一种"271"战略，"271"战略即超出期望的员工占全体员工

的20%，这一类员工不仅业绩突出，而且将会引领企业的发展；符合期望的员工占全体员工的70%，这一类员工中规中矩，能够认同企业的核心价值观，能够按照规章制度和相关流程去执行任务（在这70%的员工中，也不乏有潜力跻身20%的精英员工）；不符合期望的员工占10%，这一类员工被称为“野狗型”员工，他们不符合企业的发展战略，也会被企业列为被清理的对象。由此可见，阿里巴巴的人力资本管理是非常严格而苛刻的。

在这里不得不说，阿里巴巴集团同样采取了KPI绩效管理模式，很多环节都是靠KPI去考核、扫描，然后对扫描检查出来的问题进行解决。但是后来，马云也发现了一个问题：KPI考核趋于僵化，效果已经不再明显，尤其是“讨价还价”现象已经出现，管理者与员工似乎达成了某种“协议”，双方都认可KPI数值是可以商量的。

有一家企业，为了提升员工的执行力和企业的效益，采用了KPI管理。该公司一直严格使用KPI进行考核，考核到最后，许多员工都认为KPI是一头“冷血怪物”，只认结果，根本不看过程。

有一年，该企业遭遇产品市场“寒冬”，企业的产值业绩严重萎缩。很多员工都无法完成绩效考核，绩效工资和绩效弹性奖金都受到了影响。此时，有一名部门管理者来到企业厂长办公室，与厂长进行了一番长谈。部门管理者反映：“当前企业产值下滑是外部环境造成的，而企业内的员工一直用一种高敬业、高执行的态度去工作，我们是否应该换一种方式去考核?”这位厂长回答：“KPI考核虽然有些死板，但是不能就此停止。”经过一番协商，这家企业放松了KPI考核力度，采取了一种“KPI+弹性管理”的方式。得到松绑的KPI已经失去了KPI的意义，而另一种“弹性管理”却在企业内开始发挥作用。此时，这家企业已经回到了传统的“大锅饭”模式，不论干多干少，同等级别的员工所领取的薪水几乎相同。

后来，又有人提出意见：“‘大锅饭’和平均主义只能够让企业加速衰败，绝不可能振兴企业。”在种种讨论之下，该企业重启KPI。KPI考核非常死板，完全按照结果去“强硬”执行，致使许多有能力的员工纷纷选择跳槽。换句话说，这家企业并没有通过KPI管理得到回报，反而不断在不合理的调整过程中引出了许多麻烦。

如今，许多企业管理者都发现，KPI并不是一种全能的绩效管理模式，它只能够起到辅助作用。比如，阿里巴巴采取了一种KSF（关键成功因素分析法）绩效管理模式，这种管理模式是一种基于人的价值而设定的绩效考核方式。KSF模式能够在五个方面有所体现，即价值分割、薪酬分块、数据说话、结果导向、效果付费。这种考核模式较KPI考核更加灵活、全面，虽然还是以结果为考核目标，但是更加能够体现员工的价值，能够让员工从中获得快乐。换句话说，KPI考核更加强调权力和公司的需求，而忽略被考核者的需求，因此往往沦为冷血的考核工具。复星集团董事长郭广昌认为：“复星有KPI，但我并不主张僵化的KPI考核。我在公司鼓励大家，专注做事，做对的事，做难的事，充分利用公司的平台和资源，想方设法创造性地做事，做大的事情。要耐得住寂寞，每天进步一点点，追求长期的结果，为公司，也为个人创造更大的价值。”通过大量的案例得出，KPI考核不仅令管理者左右为难，还是一种“僵化”的考核方式。

五、KPI考核法阻碍科层制改革

这里有一个名词“科层制”，那么什么是科层制呢？科层制又名官僚制，官僚制最大的特点是“非人格化”的。一个“科层制”的企业像一个庞大的非人格化的机器，所有的工作都是机械性的、强制的、冰冷的，所有的管理活动都是以组织效益为目的的。

科层制还涉及两个专有名词：命令和权力阶层。管理离不开命令，执行也必须按照命令行事。传统的企业组织里，我们总是能够听到“天命难违”四个字，所谓“天命”并非是老天爷制定的，而是企业管理者的命令。只要是命令，就需要无条件执行。比如，老板颁布出新指令，相关部门会将指令数据化，然后设定出 KPI 绩效指标去考核每一名员工，员工们就需要按照指令方向，保质保量地完成任务，否则将会遭到一定的处罚。另一个词：权力阶层。一个企业组织如果拥有明显的权力阶层，则说明该企业的“管理等级”划分是较为明显的，上司是上司，员工是员工，有明显的上下级区分，这也间接说明了管理者与员工之间并不存在一种“公平”和“对等”的合作，而是一种赤裸裸的管理与被管理的关系。企业管理者手握权力，而这个权力常常又以 KPI 的面孔出现。人们经常可以见到这样一幕：员工与管理者发生了语言上的矛盾。员工对老板发怒：“你这样做不对，我绝对不会按照你的方式去做。”那位老板回答道：“你可以认为不对，但是 KPI 是不讲人情的，你完不成经营指标，我们一样会按照相关规定去处理。”管理者借助 KPI 壮胆，员工也难以进行反击，只能忍气吞声，被动接受。但是话又说回来，员工被动接受管理，心情一定是不愉快的。带着情绪去工作，执行力一定会受到影响。到最后，受损失的仍旧是企业和企业管理者。

有一位企业管理者说：“如今，员工与老板之间的关系是合作关系，合作关系就是一种平等的关系，即使下命令也要用一种‘商量’的口吻。许多企业都在打造人文企业环境，借助人文提升企业的品牌形象。因此，管理者需要改变传统的科层制管理。”

现实中，许多擅长“科层制”管理的老板们都不约而同地选择了 KPI，把 KPI 当作一种命令。只要 KPI 指标下来，许多企业员工仿佛接到了难以违背的命令一般，需要无条件地完成指标。某个阶段下，许多企业老板们喜欢一种“倒退硬逼文化”，通过一种强大的命令式的管理，让员工妥协并接受。这些老板们也常常感慨：“管理即人，管好人就能够管好企业。”事实上，这些“非人格”的KPI管理机制多半无法带来他们想要的结果。传统的科层制已经穷途末路，只有改革才能够找到治疗企业管理疾病的良药。因此，一个企业想要实现真正的改革，就必须辩证看待和使用KPI。

首先，企业老板不要把KPI当作一只权力手臂去制造权力壁垒。许多企业老板都有一种“官瘾”，这种“官瘾”体现在三个方面：第一，老板手握权力，不喜欢授权给员工；与此同时，员工也不敢申请权利；第二，老板喜欢考核，而这种考核往往变成一种“生死考试”，结果优秀者奖，结果不合格者罚；第三，老板喜欢将本该自己承担的后果分摊下去，落到谁的身上，谁就需要将“黑锅”背下来。这三个方面，如果有KPI的参与，将会变本加厉。KPI能够加重管理者的“官瘾”，让管理者放弃科层制改革。

其次，KPI的存在不但没有提高执行力的传递，而且还让执行力的传递减缓。在实施KPI考核的企业里，岗位与岗位、部门与部门间都有不同的分属机构和管理层，执行审批到哪些地方，都需要进行“确权”，只有经过“确权”，才能够将KPI的相关数据记录下来，否则形不成考核依据。如果一个执行通道有五个节点，当一道命令去层层落实时，就需要像一列火车那样停五站。节点越多，执行力也就越弱，执行效率也就越低。如果一个企业有明确的KPI的权力确认和责任考核，就能够使这样的执行通道通畅，继而提高执行效率和执行力，减少责任阶层“授权—确权”带来的阻碍。

总之，KPI绩效考核模式是一套“权力”模式，这种模式能够加重科层制的程度，让企业的“权力”更加集中，人性化的元素更少。而当今社会，已经是一个尊重人格、释放人性的社会，企业组织应该顺应时代潮流，加快科层制的改革速度，谨慎使用KPI，或者将传统的KPI考核方法进行改良。只有这样，才能够帮助企业实现快速、稳定的发展。

六、被抛弃的“KPI主义”

有一个管理名词叫“KPI主义”，什么是KPI主义呢？在我看来，KPI主义就是一种结果论断主义，它与科层制像一对孪生兄弟。KPI主义也是一种权威主义和官僚主义的衍生品，管理者借助KPI树立自己独一无二的权威地位，借助一纸KPI指标去命令安排一切工作事宜。在KPI指标面前，员工们像无辜的小鸟一样可怜，只能任由KPI指标摆布。员工对KPI苦不堪言，而管理者则乐在其中。

有一家大型机械设备生产商，在业内非常有知名度。早在20年前，这家企业就引进了当时非常流行且先进的KPI考核。公司董事长何某说：“对于一个企业而言，埋头苦干的人越多，企业也就越有希望。”20年前，企业内的许多员工学历不高，而且骨子里有一种“阶级意识”，能够服从权威的管理。

公司采取了一种“金字塔”式的管理方法，董事长制订计划目标，并将命令以文件的形式下发到各个部门，各部门干部将计划目标进行分解，并形成KPI指标落实到每一个人头上。员工带着KPI指标去工作，遇到问题写申请，没有问题就严格按照既定的流程去执行。管理者总会强调两种精神：钉子精神和砖头精神。所谓“钉子精神”，就是铆足劲儿，干到底，绝不妥协；所谓“砖头精神”，就是哪里有用往哪里搬，不讲条件。但是“钉子+砖头”的企业文化更多是倒逼员工的潜能，让员工无条件按照命令和指标去工作，而这种工作是压制个性的。

在20年前，KPI考核法还是非常好用的。粗放型的企业经过KPI绩效管理的改造，形成了一种全新的管理模式，这种管理模式是一种以目标为导向的较为先进的管理模式，在当时的市场环境和管理环境下，似乎有立竿见影的效果。因此，这家企业效益得到了提升，企业得到了快速的发展，但是也留下了科层制带来的种种隐患。

进入了互联网时代以后，许多老员工退休，“80后”“90后”员工数量越来越多，并逐渐成为骨干力量。这群年轻人与老员工完全不同，他们学历高，有个性，有创造力，不喜欢一成不变的东西，甚至不喜欢被约束。就在这个时候，KPI考核所隐藏的问题就暴露出来了。

在高压的权威管理之下，许多年轻员工开始“反击”，他们的“反击”方式就是离职、跳槽。企业的人才流失率越来越高，企业经营面临非常大的考验。后来，新上任的董事长决定换一种管理方式。新董事长是一位“70后”，他似乎能够感受到“80后”“90后”员工对于“释放个性”的强烈需求。KPI不但不能够让员工释放个性，而且枯燥乏味的考核还会扼杀员工的积极性和创造力。因此，他决定抛弃KPI考核和金字塔管理，尝试采取“教练技术”和“扁平化管理”的方式去经营企业。

很显然，年轻的董事长的尝试取得了巨大的成功。员工们释放了个性，并且为自己的岗位工作增添了更多色彩。与此同时，个性的释放带来创造力的提升，该企业在机械产品创新方面也取得了进步，企业效益得到了提升，企业规模也进一步扩大。如今，这家甩掉KPI管理包袱的企业，已经是机械类行业内的佼佼者，且发展潜力无限。

百度总裁李彦宏曾在“魏则西事件”发生后做出反思，他认为：“因为从管理层到员工对短期 KPI 的追逐，我们的价值观被挤压变形了，业绩增长凌驾于用户体验，简单经营替代了简单可依赖，我们与用户渐行渐远，我们与创业初期坚守的使命和价值观渐行渐远。如果失去了用户的支持，失去了对价值观的坚守，百度离破产就真的只有 30 天！”从这段话里不难看出，KPI 只是一种短效机制，长期使用会挤压员工的价值观。一个企业不能够“唯利是图”，而应该承担起相应的社会责任，营造人文环境，重视人才的个性，释放人才的天性。

除此之外，KPI 过时还与其不精准的“考核”有关。许多企业并不能找到有价值的 KPI 考核指标，而是套用其他公司的模式，将许多看似很有价值的指标绩效化，并形成 KPI 考核体系。到最后，企业管理跑偏，业绩也无法得到提升。

PART 3

为管理指明目标方向的3A绩效体系

第七章　3A 绩效目标管理体系的定义和特点

一、3A 目标管理体系的定义

前面我们用大量的篇幅介绍绩效管理体系和 KPI 绩效考核方法。如今，绩效考核的方法繁多，但是实施起来的过程和所得到的结果都是相似的。虽然 KPI 存在许多问题，但仍旧有许多企业在使用 KPI。当然，所有的绩效管理体系都是以目标为导向的管理方式，目标是方向，更是开展业务、分解任务的基础。其中，3A 目标管理体系也是这样一种以目标为导向的考核方式。

有企业管理者曾经说："KPI 绩效法除了扣罚，简直一无是处。"是啊，KPI 是一项"纯粹"的考核工具，它的出现就是为了让管理者做出奖罚决策。有人问："难道员工通过 KPI 逼出自己的潜能，不是一件好事吗?"如果在一个好的管理环境下，即使没有这样的奖罚绩效也完全可以调动员工的积极性。从心理学角度上去分析，强逼员工"发挥"能动性，本身就是违背科学的，也是不人道的。通常而言，正面激励的效果要好于负面激励的效果。除此以外，KPI 关注结果，却不关注过程。许多刻板的老板们总爱说一句话："我要的是结果，不是过程，请不要跟我找借口，我只关心结果！结果!"许多员工听到这样的话，常常会感到失落，甚至有人会问："结果重要，难道过程就不重要了吗?"如今，许多企业开始重视过程管理，这种过程管理也叫"中控"。中控并不是不重视结果，而是"结果重要，过程同样重要"。

现实中，如果一件事的过程能够控制好，结果一般不会太差；反之，如果过程出现了问题，结果通常不会太好。有时候，结果是水到渠成的，而不是靠 KPI 指标换来的。3A 目标管理与 KPI 绩效考核有本质上的区别，它既重视结果，也注重执行过程中的控制与改进环节。所谓 3A，即从"目标（Aim）—考核（Appraise）—改善（Ameliorate）"三个角度，解析绩效管理，将绩效目标与改进相联结，考核与改进相挂钩，把绩效目标作为绩效的重要组成部分，并纳入考核标准，实现"目标—考核—改进—目标"的良性循环，彻底解决"空设指标没有计划，空有考核没有改善"的问题。

Aim，目标。这里陈述的目标有两个，即企业组织的总体目标和阶段性能够分解并需要通过执行工作达到的目标。总体目标与计划息息相关，阶段性可分解的目标即"指标"。在这里，目标并不具备强制性，而是一种具备激励特征的目标。有一家化工企业采纳 3A 目标管理取得了巨大的成功，该企业的老板对 3A 目标管理做出这样一番总结："3A 目标管理中的'目标'是一种'愿景目标'，这个愿景目标是企业愿景与员工愿景相结合的产物。或者说，这个目标是企业与员工达成的利益共识。"有了利益共识，也就形成了这种共识目标，这种共识目标才是 3A 目标管理所萃取出的计划目标。

Appraise，考核。这里所讲的考核，并不是 KPI 式的考核，更不是为了考核而考核。3A 目标管理体系中的考核，仅仅是一个"承上启下"的环节。承上的是"目标后的执行工作"，启下的是"对结果的评估和对执行问题的总结"。换句话说，考核的目的是"改进"与"优化"。现在企业常常提到的"问题解决专家"就是一种"管理的优化改进模式"。3A

目标管理虽然重视结果，但是导致结果的过程和相关的后续工作则更加重要。

Ameliorate，改善。这里所讲的改善，是3A绩效管理的重中之重，只有管理得到了改善，所有的问题才能够得到解决。问题解决了，执行通道是完全畅通的，员工的工作积极性是高昂的，管理者不需要再为“管理—执行”的问题发愁……即使短暂的目标无法达成，从长远来看，3A目标管理也能够解决通向“目标”时所遭遇的各种障碍。

3A目标管理打造的是一个“管理闭环”，或者是帮助企业打造一个“管理生态环境”，在这样的管理环境下，不仅能够发挥员工的主观能动性，而且还能够激发员工的创造力。员工做出了积极的改变，而结果也会随之发生变化。3A目标管理中的“绩效”是一种过程与结果结合的绩效，并不是一种只强调结果的绩效。

二、3A目标管理体系的三大特点

3A目标管理体系，首先是一种目标管理体系，其次是一种绩效考核体系。3A目标管理是一种绩效考核与目标管理相结合的管理体系方式，以目标为导向，用考核结果去衡量整个管理执行的状态，从而形成一种“问题解决模式”和“中控管理模式”，重新优化管理体系，不断完善管理的“闭环系统”。因此，3A目标管理体系拥有三大特点，即明确目标、重视结果、管理改善。

1. 明确目标

明确目标是一个老生常谈的话题，但是我们又不得不再次强调目标的重要性。著名的管理学家博恩·崔西说过一句话：“要达成伟大的成就，最重要的秘诀在于确定你的目标，然后开始干，采取行动，朝着目标前进。”目标具有一种伟大的领航作用，有了目标才有计划、命令、执行等一切其他关于管理运行的活动。大文豪托尔斯泰认为：“要有生活目标，一辈子的目标，一段时期的目标，一个阶段的目标，一年的目标，一个月的目标，一个星期的目标，一天的目标，一个小时的目标，一分钟的目标。”换句话说，一个企业和一名执行人不仅要有长远的目标，还要有阶段性的目标。如果一个企业将目标进行细化分解，并形成一种指标，也就能形成一种“考核”。所以说，明确目标是所有事的前提，3A目标管理体系同样以“目标”为出发点，然后再根据实际情况进行计划安排。

如今，许多企业家常常会提到一个名词——目标技能。什么是目标技能呢？目标技能也叫目标设置技能，正确的目标设置可以提升一个人的绩效，具体有四个方面的作用：①目标可以让执行人的行为指向得到加强；②目标可以让执行人提前准备资源，并应对所要面临的一切；③目标具有一种催化作用，可以让执行人获得“坚持”的力量；④目标可以让管理者与执行人达成合作上的一致，并在执行过程中相互配合、补充，从而完成工作任务。目标技能并不是某一种技能，而是一种可以调动执行人的“机动性”的催化剂。

2. 重视结果

结果重要吗？对于这个问题，所有的人都会给出肯定的回答。结果当然重要，如果结果不重要，人们也就不需要去努力了。3A目标管理也是一种“结果”型的管理方式。但是什么是结果呢？恐怕每个人都会有自己的答案。在笔者看来，一家企业需要追求效益最大化。效益，既有有形的金钱效益，也有无形的品牌效益；既有人力资源效益，也有资本效益。效益有很多，管理者需要找到“众多效益”的契合点。众所周知，许多老板喜欢使用KPI考核员工的业绩，使用KPI的最主要目的是提升金钱利润效益。这种跑偏的绩效考核最后会引起许多问题。一位资深的管理学者说："老板需要平衡诸多的利益，并在它们之间寻找到一个平衡点。"3A 目标管理的最大优势在于"调节"，管理者在使用3A 目标管理时，要同时兼顾多方面的利益，在执行通往结果的路途上完成各种调试工作。

另外，在3A 体系中，结果仅仅是一个"阶段结果"，就像一次日常模拟考试。这样的考试，只是为了摸底。但是"摸底结果"重要吗？同样也重要，只是与全局相比，就显得不那么重要了。

3. 管理改善

3A 目标管理的主要作用便是改善。如果一个企业通过一段时间的运营，管理者发现绩效结果不理想，执行通道也不顺畅，那么就需要启动"问题解决"模式。如今，有一些企业在使用3A 目标管理体系时，还借用复盘萃取技术建立"3A—复盘"问题解决模型，然后组建问题专家团队进行问题解决。还有一些企业则建立"结果预后方案"，进行结果评估。而 KPI 考核则不同，KPI 管理往往给人一种"一锤子买卖"的感觉，只要锤子落下，一切都盖棺定论了。3A 目标管理的"考核结果"只是给管理者提供一次改善管理的机会而已，只有不断地分析"结果"，不断地"改善"，才能够把"管理—执行"体系打造完美。通常而言，3A 目标管理能够帮助企业管理者改善七个环节：①减少"等"的现象；②改变管理无序的现状；③改变协调不力的现象；④解决资源闲置的问题；⑤改善工作"敷衍了事"的现状；⑥解决"低效"反复的问题；⑦改变管理"无理可依"的现状。

3A 目标管理体系并不是一个神秘的管理体系，它非常容易开展，且适合于多种企业环境。另外，3A 目标管理还能够解决人、机、料、法、环等方面的问题，为企业优化管理、改善管理。

三、五大要素分解法之“人”

经营企业并不是一件容易的事情，它牵扯到许多环节，并且需要有众多元素的参与。经营者常常提到企业经营的五大要素，即人、机、料、法、环。在五大要素中，“人”是最重要的要素。俗话说：“管理离不开人。”首先，管理者是“人”，一个企业有许多管理者，有董事长、总经理、部门领导等；其次，员工是“人”，一个企业里必须要有员工，员工是企业的执行层，执行管理层的命令和下发的任务。所谓管理，即“管”与“理”的结合。管，就是管事管人；理，就是梳理经营。如果一家企业想要开展3A目标管理工作，需要解决“人”的七个问题。

1. 人的技能问题

技能是一个人生活的本钱，有相应技能的人，才能够胜任企业分配的任务。因此，在3A目标管理体系搭建之前，管理者需要提升全体员工的技术能力。提高技术能力的方式方法有很多，较为便利和快速的方式有组织技能学习、内训、外部技能培训等。另外，还有一些企业搭建“传帮带”平台，形成了一种好的学习氛围。总之，人的技能得到提升之后，人岗结合的能力也就更强。辅助员工提升个人技能，也是3A目标管理中的一项重要工作。

2. 人与制度的问题

一个企业推行管理方法，一定要结合相关的管理制度。管理制度相当于企业内的法律法规，它的出台，意味着员工要在制度规定的范围内做事，超出制度范围的，属于违规，会被及时叫停。因此有人说：“制度好，员工的工作才能好；制度不合理，员工也就无法痛快工作。”所以说，好的制度能够给员工带来积极的、正面的激励作用，而不好的管理制度也会限制员工，让员工束手束脚，无法良好发挥。管理者要想尽一切办法，调整、优化管理制度，才能够提升管理效果。

3. 选人问题

过去有一个词，叫因岗设人，即在特定的岗位，安排拥有相关技能的人开展工作。如今又有一个词叫因人设岗。因人设岗，是根据人的技能水准、性格特点等安排合适的工作岗位。如果一个岗位上安置了一名“人岗结合能力强”的员工，岗位工作就会被盘活，反之亦然。选人不仅仅是人力资源管理方面的问题，还是企业战略管理方面的问题。管理者能否建立科学的选人机制，是决定“人岗结合”的质量的关键。

4. 技能对口的问题

该问题与“选人问题”可以合并处理，但是也有特例。比如，有一家企业，有一名员工特别擅长计算机软件设计，但是他的对口技能是市场营销。后来，企业管理者根据他的个人喜好和未来的工作发展倾向，将他从营销岗调至信息管理部门。这名员工来到信息管理部门之后，展现出自己的才能和天分，并且帮助企业搭建起一套安全系数更高的 OA（办公自动化）办公系统。总之，企业在选人方面，要结合员工的技能和兴趣，然后找到更好的方案将员工安排到最合适的工作岗位上。

5. 人的忠诚度的问题

谈到员工的忠诚度，许多管理者都会头痛：“如何才能提高员工的忠诚度呢?”许多企业管理者常常给员工“打鸡血”，并且在企业内部推行“感恩教育”，事实上却起不到什么效果。如果一家企业能够给员工提供较好的工作环境、较为公平的发展通道、较好的企业福利……或许员工们就会安心在这里长期工作下去了。如果一家企业提供的工作环境不好、福利待遇不行、晋升平台不公平，广大员工们凭什么还要继续留在这家企业工作呢?

6. 岗位责任到人的问题

许多企业经营不善，并不是外部市场的问题，而是内部管理的问题。比如，有一家企业出现了严重的岗位责任不到人的问题，人岗脱离严重。岗位上虽然有人，但是人却承担不起岗位职责，因此形成了一种“空岗”现象。人岗分离，管理与执行也就会分离，就会导致执行不到位的问题。3A 目标管理系统需要管理者解决“责任到人”的问题，解决人岗分离、人浮于事等问题，只有这样，才能够将管理责任落到实处。

7. 人与各个环节的问题

不同的岗位，需要不同岗位的员工与不同的人、机、料、法、环打交道。这项工作是一项非常庞大的工作，既有员工技能的问题，也有各个环节衔接、对接的问题。如果管理者能够将人与人的衔接、人与机的衔接、人与料的衔接、人与法的衔接、人与环的衔接全部落实到位，也就能够打通执行通道，让管理执行更加流畅。

不管如何，人是一个企业的主要元素，离开了人，企业就无法运行。若企业管理者能够解决好“人”的问题，也就能够顺利开展 3A 目标管理，而 3A 目标管理中的其中一个工作重点，即解决“企业与人”的问题。

四、五大要素分解法之“机”

如今，企业特别重视“人岗结合”。所谓“人岗结合”，就是员工与岗位达成一种默契，员工能够胜任岗位，并且能够履行岗位所赋予的义务；与此同时，员工能够从岗位中获得快乐和归属感，实现自我需求。人岗结合既有人与人的合作，也有人与机器的合作。比如，某公司生产车间，员工通过某种机器设备生产产品，机器设备性能优越，操作易上手，安全等级高，也会给企业和员工带来高产量和高绩效。企业管理的五大要素中，“机”特指机器，或者其他生产辅助工具。许多企业非常重视生产技术，通过提升机器设备的性能，继而提高产品的质量和产量。有一位企业老板认为：“对于生产加工型企业来讲，机器设备与员工拥有同等重要的地位。”

一个企业要想成功开展3A目标管理体系，需要把“机器”环节的所有问题解决掉。通常来讲，机器方面的问题主要有以下几个。

1. 选择机器类型的问题

许多生产加工型企业，在开展生产加工项目的时候，需要引进相关的机器设备。投资设备是企业的主要开支之一，购买的设备的型号、规格、技术性能等是否符合企业当前的发展需求，是非常重要的一件事。企业管理者在采购机器设备的时候，应该对员工们提前进行培训，或者根据员工的工作特点，选择人机结合较好的机型。

另外，企业管理者选择机器类型的时候，不要坚持“贵即是好”的原则，而应该选择适合自己的机器。此外，企业管理者还应该考虑机器设备的后续维护、升级、员工培训等方面，并选择一家有战略合作眼光的伙伴型供应商。只有选对了机器类型，企业的加工生产工作才能够正常运行。

2. 机器的保养维护问题

机器设备同样也有自己的“生命周期”。如果一家企业能够定期对机器设备进行维护和保养，机器的寿命就会得到延长；如果一家企业不注重设备机器的维护和保养，就会缩短机器的使用年限。从成本角度出发，保养维护机器设备能够为企业节省一笔较大的开支。通常来讲，机器设备的保养与维护有四大要求：①整齐。机器设备摆放整齐，安全防护工具归纳整理到位，与机器相关的线路养护完整。②清洁。机器设备要保持清洁，尤其在加工生产工作结束之后，应该按照“7S 现场管理标准”（整理、整顿、清扫、素养、安全、节约、清洁）去执行现场的整理与清洁工作。另外，设备的清洁程度与使用寿命息息相关。③润滑。许多机器设备为金属制品，齿轮与齿轮之间的转动需要润滑。而润滑保养也是防止生锈的主要方式，因此员工们要定期给设备进行润滑保养。④安全。安全使用机器设备似乎是“老生常谈”，但也是最重要的一件事。许多惨重的生产事故告诉我们，一定要按照标准和要求去生产，尤其是安全生产。

3. 机器的配套问题

是不是机器设备买回来了，就一定能用了？很显然，不是。比如，一家企业购买了一套先进的生产设备，这套设备来自欧洲，在欧洲有很高的使用率和普及率。该机器是非常先进的设备，但是设备买回来之后，问题就随之而来。员工们根本无从上手。设备提供商也没有提供相关的“配套技术输出”。后来，该企业只能通过引进技术人才和外聘专家才教会了员工如何使用该设备。

还有一些机器想要产生作用力，需要企业提供其他的配套条件，比如辅助加工设备、供电设备、场地、仓库等。只有机器的配套问题和员工的使用问题得到解决，机器才能够正常运转。

4. 机器的使用环境问题

许多企业购买新机器新设备，是为了改变原有的、落后的生产技术，提升生产产量和生产质量。但是新设备对生产环境的要求往往也更为严格，企业管理者需要为新机器设备提供一个新环境。比如，有一家钢铁厂拥有一只750立方米的高炉。在环保政策和产业政策下，这家企业决定淘汰750立方米的高炉，购置一只1080立方米的高炉。新型炉需要企业拥有更大的设备放置场地和相关的配料车间，因此，该企业还在所在区域内再次购买土地进行扩建，并给新设备提供更好的运行环境。3A目标管理是一个“大而全”的管理系统，它能够帮助企业管理者在机器设备的安置方面找到一个更好的方式和办法。

如果一个企业能够解决机器的型号选配问题、设备保养问题、设备资源配套问题和相关的使用环境问题，也就能够给“人机结合”提供一个契合点。在一个生产加工企业中，机器与人处于同等重要的地位。解决机器的问题，也就能够解决企业“大部分”的生产加工问题。

五、五大要素分解法之“料”

许多生产型企业为了生产加工产品，还需要定期采购原料。比如，钢铁厂生产生铁，需要采购大量的铁矿粉、石灰石等原料。质量好的原料通常能够生产出质量好的产品；如果原料质量不合格，生产出的产品也会受到影响。因此，“料”在整个生产经营环节中，也是一个重要的因素。

山东有一家钢铁公司，这家公司生产规模并不大，但是在当地却是一家龙头企业、纳税大户。这家企业年营业额超过50亿元，每年生产钢铁超过100万吨。有一年，这家钢铁公司收到了一批铁矿粉，这批铁矿粉是某贸易商推荐给该公司的，价格便宜，质量过关。此时，另一家钢铁公司采购了5000吨，这家公司的老板也开始推荐："这个原料除了某个微量元素有一点超标之外，使用起来还是不错的。我们公司一直在使用，你们公司也可以试试。"

朋友和供货商的推荐，让这家钢铁企业的老板动了心。于是，他采购了10000吨铁矿粉尝试使用。一周之后，该公司生产的第一批半成品出炉了。但是这一批半成品质量不合格，如果按照市场销价进行衡量，该批次产品将会给企业带来20万元的直接损失。后来，该公司组织问题小组进行调查，最后将焦点放在了那批铁矿粉原料上。铁矿粉原料虽然便宜，但是却给该企业造成了巨大的损失。无奈之下，该公司只能暂时停用该批次的铁矿粉原料。

问题铁矿粉停用之后，半成品质量恢复了正常。经过这次事故之后，钢铁公司的老板进行总结："绝不能为了降低生产成本而盲目使用自己不熟悉的原材料，否则将会带来巨大的经济损失。"

有人问："上面那家企业，难道要彻底丢弃不合格的原料吗?"据了解，这家钢铁公司花钱请来专家，最终解决了"原料配伍"的问题，慢慢消化掉了不合格的原料。因此，如果一家企业无法把好"原料关"，将会给企业经营带来难题。关于"料"的问题，企业应该在以下四个问题上多留意。

1. 料的质量问题

就像在开篇故事中提到的那样，原料质量不合格，将会给企业经营带来麻烦。因此，企业在采购原料的时候，首先要严控原料的"质量关"。现实中，许多企业管理者为了"降低成本"冒险使用低成本的原料，最后不但没有降低成本，反而给企业带来了更大的损失。3A目标管理体系中，原料质量的把控也是其中一项管理考核重点。

有一位企业家说："对于一个企业而言，生产配伍是'固定'的配方，不能为了降低成本而随便更换原料。动其中一种则可能需要调整全部原料的配额。”生产与经营有所不同，如果经营需要大胆进取，生产则需要保持稳定。因此，企业要严把原料的质量关，杜绝不合格的原料进入企业生产车间。

2. 料的型号问题

还有一些企业，采购的原料质量没有问题，却存在型号上的不同。比如，有一家特殊金属制品厂，该企业一直使用14号球墨铸铁。后来，该企业为了降低生产成本，采购了一批质量合格的10号球墨铸铁进行使用。出乎企业老板意料的是，使用10号球墨铸铁所生产出来的产品与之前的产品不同，价格也存在一定的差距。事实上，这样的经营方式不但没有帮助企业赚钱，反而让企业赔了钱。生产是“一板一眼”的事情，稳定的配方是保持企业平稳产出的基础。如果一个老板想要更改配方，一定要谨慎为之，否则会搬起石头砸自己的脚。

3. 用料规范的问题

在“料”的使用方面，企业组织也要按照行业标准进行。比如，一家钢铁企业生产钢铁，铁矿粉的使用比例是多少，石灰石的使用比例是多少，焦炭的使用比例又是多少……用料一定要规范，不要随意改变原料的配比。也有一些企业老板偏不信邪，非要大胆尝试。不排除有人取得了成功，但是大多数尝试都会以失败而告终。“规范用料”同样也是老生常谈的话题，也是企业推广标准化生产经营的方式之一。俗话说：“没有规矩，不成方圆。”规规矩矩地购料、配料、用料，才能够生产出合格的产品。

4. 料的质检问题

一个企业要想严把质量关，就需要提升料的检验环节的检验水准。

如今，许多企业都有自己的质检部门，原料入厂之前，需要进行质量检验，只有检验合格的原料才能够放行。但是还有一个问题需要解决，即如何防止“质检造假”的问题。众所周知，个别原料供应商会贿赂质检部门的管理者，导致不合格的原料进厂。还有一些原料供应商提供的供货原料与质检样品有所区别，企业管理者还需要加强员工的职业道德建设，完善质检环节，只有这样，才能够杜绝不合格的原料进厂。

对于一个企业而言，“料”是企业生产经营之本。控制好原料是企业产品质量稳定的前提。

六、五大要素分解法之“法”

不管是管理还是执行，都需要讲究方式方法，不能完全按照自己的性子去做。什么是“法”？就是法度，方法。有法可依，就是按照“法”去做事，才是一种“正儿八经”的做法。管理有管理的方法，也有管理的“法度”；执行有执行的方法，还要按照规章制度去执行。规章制度，也是一种法。3A目标管理是一个体系，更是一种绩效目标管理方法，它既能够提供“法”的依据，又可以给管理者提供一套管理思路，而管理思路也是一种方法。有时候，我们还会把“法”当成一种规矩，“没有规矩，不成方圆”。虽然当下许多企业在做管理减法，尽可能“去”法，但是这种“去除”同样也是一种方法。因此，企业管理与经营离不开法，法同样是企业管理五大要素中非常重要的一项。

企业经营需要“法”，管理者需要了解法，需要制订法，而且要解决与法相关的几个问题。

1. 法要清晰明朗

许多企业有法，却表述得非常不明朗。许多企业员工还要对这种

“法”进行揣摩：“公司到底想要表达什么意思呢?”这也就说明，这个“法”是存在问题的。

企业需要的“法”是清晰明朗的，即“明文规定”，一条一条按照逻辑顺序排列出来，一是一，二是二。另外，还有一些“方法”也需要梳理出来。有些人说：“方法是一种经验，只可意会，不可言传。”事实上，在现代管理学中，优秀的方法是可以程序化、流程化的。如果企业能够把一些好的方法流程化、模式化，就可以让员工直接拿来使用。3A目标管理法就是这样得来的，3A目标管理体系中有“建法”这样一个重要的环节。

2. 法要前后一致

如果企业制订的法不能够自圆其说，或者前后存在矛盾，则说明这个“法”是有问题的。企业管理者在制订法或者推广某个方法流程的时候，一定要进行多次验证和内测。3A目标管理法是经过多年验证和测试，并成功“上岸”的一种方法，它能够给企业带来管理时效。3A目标管理体系也是一种多种方法汇集的体系，与此同时，它还需要企业的其他“法”的配合。如果企业制订的法前后不一致，也就无法正常运行，甚至还会给企业的管理与执行带来麻烦。

3. 法是否适用

还有一些企业，非常重视法，非常渴望嫁接一个成功的管理方法来套用在企业身上，并且希望它能够在企业内快速生效。但是有一句话说：“管理无常法。”任何方式方法，都不可盲目空降或者套用，而是要辩证地看待。比如，有一家企业亟待转型，所以也迫切需要一套好的运营方法。这家企业直接选择了其他企业的一套方法，经过一番经营之后发现，企业管理经营的局面和状态还不如以往。后来，这家企业不得不退回到之前，继续沿用自己的管理方法。如果一个企业正在尝试或者建立一种新方法或者新制度，就需要进行检测验证，不要盲目去推广推行。另外，不同的人群和不同的岗位也需要不同的法。世界上没有最好的法，只有最合适的法。

4. 法需要环境

运行一套方法流程，需要给“法”提供一个执行环境。比如，有一家企业，老板认为该企业员工人浮于事，工作效率低下，因此推出了一套“倒逼之法”。但是这套法推出半年，收效甚微。后来，该企业进行总结才发现：企业本身的规章制度、监督机制都存在问题，许多岗位存在“空岗”“脱岗”现象，且存在监管空白区。另外，该企业效益一直不佳，老板采取了一种“罚款”策略，不但没有起到正面作用，反倒起到了负面作用。如果一个企业打算让一套方式方法持续运行下去，就需要提供与之相对应的运行环境。比如，老板应该与员工达成一致，让员工认可这个“法”；另外，老板还要给员工相关的福利以激励他们依法、尊法、用法，只有这样，“法”才能够正常运行。

除此之外，企业管理者还要搭建一个“法”的环境，形成一种“法”的文化，借助文化去熏陶，让员工耳濡目染，形成一种习惯。只有知法才能懂法，只有懂法才能用法，只有常常用法，才能形成一种法的环境。企业拥有了完善的管理体系，拥有了科学的管理执行流程，也就能够在法的“保驾护航”下健康成长。

七、五大要素分解法之“环”

一个企业能否取得长足的发展，主要取决于两个因素：管理因素和环境因素。管理因素包括五大要素的四项，即人、机、料、法，环境因素就是没有提到的一项：“环。”在我看来，“环”有两个层面：环境和环节。企业管理的环境包括企业内部环境和企业外部环境，企业管理环节主要体现在企业“管理—执行”的节点。

1. 企业的内部环境

企业的内部环境是企业管理经营的基础。如果一个企业没有好的管理经营的内部环境，也就无法开展相关的经营活动。当然，一个企业开展3A目标管理工作，也需要一个稳定的、高效的、积极的内部环境。

首先，企业需要一个安全的环境。

许多人在刚刚进入一家企业的时候，总会问一句话：“这家公司工作环境如何？工作安全吗?”倘若一家企业无法给员工提供安全的工作环境，经营便无法谈起。安全的工作环境是最重要的，也是第一位的。企业管理者在建设企业的时候，必须要排除企业在经营、生产中存在的安全隐患。许多企业发生的安全事故告诉我们：“没有安全的内部环境，也就没有企业的未来。”3A目标管理体系同样能够帮助管理者建立以“安全目标”为绩效的考核体系，帮助企业搭建一个安全的经营生产平台。

其次，企业需要一个可规范的环境。

有一些企业在开展5S或者7S环境管理活动之前，内部环境是杂乱无章的。比如，有一家企业内部工作环境混乱，现场卫生环境不好，合同文件等相关资料也没有专人负责。后来，该企业进行整顿，推行7S法进行环境规范，才有了一个较好的工作环境。有一名企业高管说：“每天，我有接近10个小时的时间在公司，公司几乎就是我的家。如果我的家里乱哄哄的，就会给我一种非常不好的感觉。”换句话说，良好的工作环境也会令员工的心情愉悦，间接调动起员工的工作积极性。

可规范的标准环境主要有三个方面的具体体现：①企业内的各种道具、物品等均分类摆放整齐，易燃易爆品应进行隔离，工具设备等应按时进行养护、检修，以保持工具设备的正常使用。工作环境应该保持干净卫生，不留卫生死角。②危险品是企业内部环境的最危险的因素，因此要加大对危险品的防护，比如，危险化学物品的堆放和储存应该严格按照国家相关规定进行规范，另外企业还应该做好环境保护工作，顺应时代发展。③拥有生产车间的企业还要给员工留出一个良好的、舒适的生产工作环境，使生产车间的温度、湿度、通风度、无尘度等各方面都达标。

最后，管理环境与执行环境要兼容。

有一些企业老板曾经向我诉苦：“企业制定的管理政策是非常宽松和人性的，为什么执行力还是得不到提高呢?”如果管理环境良好，而执行环境存在问题，那么管理与执行之间仍旧存在障碍。一名企业管理者想要让管理环境与执行环境兼容结合，就需要与员工进行协商，共同打造“管理—执行”环境。只有这样，企业才能够正常运转。

2. 企业的外部环境

企业的外部环境都包括哪些元素呢?通常来说，能够影响到企业生产经营的外部环境，都可以称作外部环境。外部环境包括政策环境、技术环境、社会环境、经济环境、市场环境等。

有人说：“外部环境多半是不可控的，这样的环境因素，企业只能顺其自然去经营。”事实上，一个企业想要在大环境下生存和发展，就必须按照外部环境的“生存方式”去生存，或者按照“外部生存规矩”去经营发展。比如，严格按照环保规定进行生产，根据市场行情调整产品的规格、数量、价格，学习并使用“符合时代潮流”的先进技术，并且建立“外部环境—内部环境”交流共享的渠道。只有这样，企业才能够充分融入外部大环境中，成为外部环境中的一员。

3. 企业经营、生产的各环节

环节与环境不是一码事，环境是企业生产经营中的各个“环节”，环节是环境中的一个“重要节点”，甚至是一个关键按钮。许多企业老板都在追求一种“精细化”的高效执行模式，但是“精细”与“高效”似乎存在着矛盾和冲突。要想缓解这种冲突，就需要在“各个环节”上想办法。环节，是一种“微环境”，是从管理到执行的“点”。如果企业管理者与员工在这些“环节”方面形成一致，也就能够激活这个节点，继而打通渠道。

五大要素中的“环”，是企业内部环境、企业外部环境、企业微环境形成的一个“生态环”。如果我们把一个企业看作是一个人，一个人生活在世界上，就需要与家庭、团队、国家、世界相融合，和谐相处。

八、十分钟搞定3A指标“三条线”

3A目标管理是一种过程管控与结果绩效相结合的管理方案，它能够帮助管理者厘清管理线路，打通“管理—执行”的通道，在“三条线”上均能够体现出控制力和促进力，这三条线分别是机构线、时间线、项目线。

1. 机构线

什么是机构线呢？在我看来，机构线包括三大部分，即架构、管理和分工。比如，一家企业想推动新的管理方式，就需要从组织架构入手，优化组织架构，合理配置各种资源，让部门与部门之间既相互关联，又能够独立运行。管理则是“命令与沟通”的结合，既要让命令得到传达，又要让执行层接受命令，并无条件按照命令去执行。分工，则是机构线环节的重点，有了明确的责任分工，才能够保质保量地完成工作。那么管理者是如何进行分工的呢？

分工是一项复杂的工作。如果企业管理者能够掌握科学的流程，就能够很快掌握3A管理的分工工作。

首先，企业管理者需要制订 3A 管理考核办法。3A 目标管理仍旧是一种考核法，而考核就是为了下个阶段工作的评估与改进。因此，管理者应该结合企业内部现状，制订出 3A 管理考核办法。

其次，企业管理者要明确管理考核的要素，找到需要考核的“关键项”或者“关键点”。但是在这里需要补充一句：3A 目标管理的绩效目标的制订与 KPI 考核目标的制订有相似之处，但是也有明显的不同，我们将会在后面章节中进行详细阐述。

再次，管理者与执行人进行沟通，确定考核指标。不同于 KPI 的“一言堂”式的指标制订方法，3A 目标管理所制订的考核指标完全是沟通协商的结果。经过协商的考核指标能够代表企业方与员工方的共同意愿，因此在实施和执行过程中，双方可以互相监督、互相督促。

最后，管理者将考核中的指标、目标、责任等分配到各个部门，明确哪些人负责哪些事，哪些人需要完成多少工作量和业务量等。3A 目标管理同样也需要责任分工和指标分配。

2. 时间线

说到时间线，大多数人都能够想到“进度”这个词。一个企业从事任何经营活动，都有一根主线，这根主线拥有时间刻度。比如，有一个企业制订了 100 万元的销售目标，并规定实现这个目标的时间为 100 天。如果按照正常的进度去划分，只要每天完成 1 万元的销售额，100 天就可以完成任务。因此，有管理者常常提醒执行人：“你们要按时打卡，并记录自己的工作进度。”如果工作进度非常顺利，管理者还可以根据相关的情况进行“进度控制”；如果工作进度不顺利，管理者与执行者需要共同商讨对策，解决执行进程中遇到的问题。

在这里，我们还增设了一个“进度控制点”。前面我们讲到的“打卡”，就是一种控制点的记录，通过这种方式设置控制点。根据时间轴上的刻度，去控制整个活动进程。需要提速的时候提速，需要减速的时候减速。如果一个企业能够解决时间线上的“管理—执行”的进度问题，也就能够确保目标任务的完成数量和完成质量。

3. 项目线

项目线是人、机、料、法、环的集合，具体到目标任务工作和生产经营环节。因此，管理者需要将岗位、目标、指标、责任分配到人，解决项目中“人”的问题；管理者还需要给人选配适合企业、时代发展的机器，并建立机器维护体系，定时保养、维护、升级机器设备；管理者还需要提供与项目生产相关的所有物料，比如原料、辅助资料等，从而确保项目的正常生产经营；管理者还需要制订相关的法规制度，并且设置科学的管理流程，让执行人按照“法”去执行；最后，管理者还需要提升企业的管理运行环境，给执行人一个更好的工作平台和执行环境。

在这三条线中，机构线是基础，是开展3A目标管理工作的源头。时间线则能够方便管理者给项目工作安装一个节点控制器，让执行人有进度可循。项目线则是具体的项目工作落实与安排，属于“执行线”。如果企业管理者能够厘清三条线，也就能够快速应用3A目标管理。现实中，许多企业组织早已经拥有了“三条线”，只是需要管理者根据企业的实际情况与3A管理方法做一下结合，就能够形成3A管理目标。有了目标之后，管理者就可以按照3A的目标管理流程去开展工作了。

第八章　3A绩效目标管理的工作技巧

一、绩效指标转化的方法

3A目标管理同样关注绩效，一个不关注绩效的目标管理方法不是一个好的方法。换句话说，当下大多数的绩效考核法、目标管理法都会重视绩效。一个企业有了高绩效，才能够有良好的发展前景。衡量绩效好坏的单位，就是绩效指标。通常来讲，能够完成绩效指标任务的，即绩效达标；无法完成绩效指标任务的，即绩效不达标。不管如何，绩效指标既是衡量企业管理执行状态的重量指标，也是衡量企业效益的“晴雨表”。

绩效指标很重要，但是想要把目标转化成绩效指标，并不是一件容易的事，有一位企业管理者认为：“对于一家以管理为主的企业来说，许多管理项目是难以量化的。无法量化的指标也就无法用具体的数字进行考核。”无法被量化的指标都有哪些呢？行动力、执行力、技术能力、服务品质等，这些抽象的目标都无法进行量化处理。比如，某企业对员工的服务能力进行考查，只能够借助“主观”的打分表格进行打分统计或者评星统计。有人问：“对于这些抽象的目标，是不是就无法进行绩效转化了呢？”

事实上，企业管理者完全可以将一个人的技术能力进行分解，比如，某医院考核医生的临床诊疗能力，将临床诊疗能力分解为六个可考核的部分，即专业理论考试成绩、病例医嘱药方等书写标准、临床专业实践的打分评价、重症病号的成功抢救率、成功开展手术和相关诊疗的次数、科研教学的具体成果和获奖次数等。通过这种方式，一个人的技术能力指标将会被分解量化，形成有价值的考核数据。企业对相关职能部门的考核，也可以进行如下分解，比如，某公司对管理岗位的人员进行绩效指标的分解，将管理能力具体分解转化为管理知识和理论的考试成绩、制订管理计划方案的专业程度、组织协调管理工作的能力并以此建立的考核积分、可量化的执行能力和规范使用相关流程的能力等。总之，企业管理者可以把不可量化的指标分解，并转化成可考核衡量的绩效指标。

企业管理者如何才能将目标转化为3A目标管理体系中可分解、考核、衡量的绩效指标呢？可以参照以下几步。

第一步，将企业的总体目标设定成数据化的战略行动目标。

总体目标是一个庞大而含糊的东西，需要管理者进一步细化。比如，某企业的总体目标是三年内上市。上市是企业的总体目标，但也是一个抽象而含混不清的目标。企业上市有一个门槛，比如，营业额超过100亿元等，因此该企业应设定年销售额100亿元的战略行动目标。

第二步，将战略行动目标进行分解，并落实到个人。

通常来讲，一个企业有许多部门，每个部门都有自己的责任。在若干个目标中，每一种目标都有对应的部门和岗位。比如，某企业营销目标为10亿元，而负责企业营销的部门就负责营销目标的完成；某企业采购目标为100万吨原料，并实现节支200万元，而负责企业采购的部门就负责该目标的完成。目标到了部门，部门管理者再根据部门的实际情况将目标落实到人，即形成个人工作目标。

第三步，将个人目标转化成可考核的绩效指标。

个人目标是个人工作行动的总体方向和需要实现的终极结果。但是目标是目标，目标与指标不同。目标是“寄希望”，指标是“必须要”。在这种“转换”过程中，管理者或者部门负责人需要邀请员工共同参与具体考核指标的设置工作。考核指标与员工的绩效工资、福利等息息相关，员工提出的参考意见会倾向于自身的利益；考核指标也与企业的总体效益有密切的关联。因此，企业与员工需要进行协商并形成利益上的一致。在此条件下，双方所能够缔结并落实的绩效指标就是3A目标管理所需要的绩效指标。

在目标转化成指标的过程中，企业中的三类人也要做三件事。企业中的三类人即管理者、中层干部、普通员工。管理者在整个目标转化指标的过程中，主要负责决策、任务分配和资源调动的工作；中层干部主要负责“上传下达”和“教练辅助”的工作；普通员工主要负责指标的确认和相关的岗位任务执行的工作。三个不同的岗位，三种不同的工作，却有一个共同的目标。因此，企业在设定目标和指标的时候，需要提前衡量三者之间的关系，优化企业内的管理环境和执行环境，结合不同的岗位、职责，让绩效指标与企业发展目标相一致，让个人指标与企业目标相结合，最终才能够起到绩效指标转化的作用和意义。

二、绩效指标分解的技巧

曾经有一位企业管理者向我诉苦：“当我们公司的员工看到绩效指标的时候，竟然发出一声叹息。我不知道，究竟是企业制订的绩效指标有问题，还是这样的绩效指标给他们带来了巨大的压力?”不管如何，绩效指标需要分解，更需要让员工们去完成。如果员工们无法接受企业下分的指标任务，也就难以完成该项指标。因此，管理者在分解绩效指标时，应该掌握一定的策略和技巧。

沈先生是一家小酒厂的老板。他的小酒厂有7名酿酒师傅，每月可以酿造500缸米酒。由于沈老板的米酒远近闻名，许多客户慕名而来……久而久之，沈老板的米酒已经供不应求，他迫切希望提高酒水产量。

有一年冬天，他将7名酿酒师傅叫到一起，并告诉他们："如今我们又增加了新客户和新订单，但是我们的酒水产量却达不到客户的要求。所以，我有一个想法，就是将产量从月产500缸米酒提高到月产1000缸米酒，扩大一倍，大家如何看待这件事?"

此时，一名师傅回答："老板，想要提高产量也不是不可以，但是我们几个人的工作时间要延长，而现在发放的工资就不太够了。"另一个酿酒师傅说："老板，你也可以再雇几个人，人多了，工作量和产量也就随之提高了。别说1000缸酒，就是5000缸、10000缸也没有问题啊!"

沈老板并不想增加员工数量，而是想要"内部挖潜"，通过提高员工绩效的方式提高产量。因此，他们达成了一个共识，并设定了月产700缸的绩效总指标，如果实现700缸酒的产量，便增发15%总工资收入的绩效奖金；如果超出700缸，再按照相关比例增发。7名师傅认可沈老板的意见，并形成了一个分解后的绩效生产指标。半年之后，这家小酒厂不但能月产米酒1000缸，而且7名师傅都拿到了自己应得的那份奖励。从总体上看，沈老板不仅收获了员工的忠心，而且降低了经营成本，提高了公司效益。

企业管理者如何才能将绩效指标分解下去呢？到底又有怎样的技巧呢？一般而言，企业管理者在分解指标时要按如下要求去做。

首先，绩效指标并不是简单的目标量化，而是要掌握一个原则：企业利益与个人利益相一致的原则。通常而言，管理者需要制订两个指标，即企业指标和个人指标。个人指标是企业指标的一部分。在个人指标与企业指标中间，通常还有部门指标。有一位企业管理者说："部门指标是一个'平衡器'，它可以用来平衡企业与个人之间的关系。部门负责人能够根据部门指标的完成情况及时对个人工作进行安排、部署和调整。"为什么说绩效指标并非是简单的目标量化呢？绩效指标虽然是一种带有"刻度"的目标，具有一定的命令性和强制性，但是它还包含了企业管理者对管理和执行的一种理解，并且将绩效的理念和文化传递给员工，让员工领悟并养成绩效习惯。因此，绩效指标不仅仅是量化的目标，还是一种具有"精神力和引导力"的目标。

其次，被分解的绩效指标的总和大于目标。换句话说，"总目标 < 指标 1 + 指标 2 + 指标 3"。比如，有一家企业设定了 600 万元的年销售目标，然后管理者将目标分解到部门，部门又分解到个人。该企业一共有 6 名营销人员，每个人分摊了 120 万元的年绩效指标。到了年底，该企业的全部员工都完成了绩效指标，因此实现了 720 万元的销售额，超出了年目标 120 万元。管理者采取这样的分解方式，不仅能够确保绩效考核的质量，而且还能够调动员工的工作积极性，并在"超出部分"设置激励制度和福利奖金。

最后，被分解的指标并不是一个"固定"的指标，而是一个可以修订的指标。前面笔者讲到，KPI 指标缺乏弹性，甚至加深了科层制的程度，KPI 绩效考核变得十分冷血。3A 绩效指标是一个弹性指标，这个指标可以根据实际情况进行修正。比如，某企业设定了一个绩效指标，并将总指标分解到部门和员工。但是该企业遭遇了市场寒潮，贸易订单持续下降。在不可抗因素下，企业管理者与员工进行协商，并及时调整了考核标准。有一位企业管理者认为："绩效指标分解类型虽然有两种，即指令型和协商型，但是越来越多的企业开始采取协商型，让员工参与绩效指标的设计。"一个可调整的指标，能够缓解"管理—执行"的冲撞，让管理与执行达成一致。

总之，企业管理者应该掌握相关的技巧去分解绩效指标，并且做到指标与目标相一致，管理与执行相一致，企业利益与员工利益相一致。只有这样，企业分解的指标才具有有效性。

三、绩效指标衡量的方法

绩效指标需要如何去衡量呢？通常来讲，我们看到的绩效指标仅仅是一些数据化的东西，比如销售额、节支数额等。虽然这些数字非常直观，但是也有局限。有一位管理者认为："可量化的绩效指标当然是极好的，不可量化的指标也并不是毫无用处。因此，企业在绩效指标的衡量方面，不能只看数字结果，还要权衡绩效工作结束后所产生的其他效应。"什么才是科学的绩效指标衡量方法呢？有一位企业管理专家给出了这样一个解释："绩效指标是用来衡量业务管理成果的突出因素的，能够衡量并计算出管理成果突出因素的方法，就是一种科学的绩效指标衡量法。"

首先，管理者要避免绩效衡量的四大陷阱。这四大陷阱分别是经验主义陷阱、范围错位陷阱、盲目改进陷阱、知行不一陷阱。

经验主义陷阱：虽然一个企业的管理依赖于某些人的成功经验，但是经验能够当"老本"吗？有些企业从前有着良好的经营和管理局面，进入互联网时代后，却无法依赖原有的经验进行转型升级。因此，经验并不能给企业带来"持续"发展。绩效目标是一个可持续发展的目标，管理者需要选择可持续升级的衡量办法。

范围错位陷阱：还有一些企业非常重视内部声音，所有的考核都是针对内部管理进行的，比如，考核衡量销售部的销售额，采购部的采购量和节支额，财务部门的相关财务管理数据等。但是这些企业多半也会忽略外部的声音，即客户对产品的反馈声音等。一个科学的绩效目标衡量方法要内外结合，既要重视内部也要重视外部。

盲目改进陷阱：不停地优化、改进一定是好的吗？不一定。当许多企业找到了内外利益结合点的时候，也就能够找到一种“有限时间”内的平衡。在这个平衡阶段，企业发展以“稳定不变”为佳。能够保持一个企业的稳定，比盲目改进优化要好得多。有人问：“什么时候才进行改进呢？”如果一个企业遭遇了发展问题，这时候就需要及时改进。绩效管理的改进工作也要分阶段，根据企业的实际情况去设定。

知行不一陷阱：如果一个企业只是为了考核而考核，就会走上一条“重考核轻行动”的考核衡量之路。现实管理中，一个企业想要取得有效的考核成绩，需要走一条“知行合一”的道路。所谓绩效管理的“知行合一”，就是一手抓绩效考核，一手抓管理行动。只有做到“知行合一”，绩效管理才能够在一个企业组织内发挥作用。

其次，绩效目标的衡量要与人力管理搭建起合作关系。

企业管理是管理人，绩效管理同样也是管理人。有些企业，将绩效管理与人力资源管理区分对待，反而没有企业绩效衡量的作用。人力资源管理是企业管理运营的根本，员工的工作分配、岗位安排、职业规划、目标设定等，均是人力资源管理的重要环节。劳资部门在设定绩效考核目标和业绩任务时，应该与人力资源管理部门进行合作，形成“人力—薪资”于一体的绩效衡量指标，确保公司利益、员工利益相一致。某国内著名企业的管理者说：“绩效衡量，既要衡量员工的工作完成度和完成质量，又要考核管理者的管理质量和统筹能力。”言外之意，绩效管理不是一个人的事情，而是多部门、多人共同完成的。既然企业邀请员工参与绩效考核与绩效管理，就需要让员工协助管理者参与绩效的衡量与改进工作。

最后，绩效衡量的过程还是企业文化传递的过程。

许多企业把“绩效”看成一种严格的管理，寄希望通过这样的考核管理矫正员工的工作方式和方法，让员工养成高效工作的习惯。事实上，这并非是绩效管理的初衷。有一位企业家说：“绩效管理虽然是一种管理，一种考核衡量方法，但它更是一种企业文化。”如果一家企业能够在绩效指标的衡量过程中传递企业建设绩效平台的相关文化，进行文化熏陶，创建绩效文化环境，将会起到双重效果。如果把绩效考核比喻成一把剑，绩效文化相当于剑鞘。只有将绩效衡量与绩效文化相结合，管理者才能够找到终极衡量的好办法。

除此之外，企业管理者还要不断提升自身的素质，培养一副“火眼金睛”。当发现新的考核点或新的改进对象时，就需要及时调整考核方向，改进考核的指标和方案。

PART 4

为管理提供考核标准的3A绩效体系

第九章　3A绩效考核过程控制的要点和方法

一、绩效考核过程控制的重要性

在盲目强调结果的KPI绩效考核体系下，许多企业将会因忽略“过程控制”而出现“管理—执行”混乱和脱节的现象。前面我们多次强调，结果很重要，过程同样重要。“水到渠成”就是一种好过程导致好结果的方式。一个企业能够挖好水渠，通常就能够引来河水。

有一个煤矿企业，刚刚在某省发现了一块新煤田，于是投入数亿元建设新煤矿。负责新煤矿建设的矿长姓王，曾经长期从事安全生产和过程管理工作。煤矿还没有完全投产，许多股东便向王矿长施压：“王矿长啊，煤矿建设得差不多了，该开始生产了。”

王矿长说：“正是因为建设得差不多了，说明还有一些工程没有完全落实到位。虽然现在具备了基本开采条件，但是还不具备安全开采条件，还需要彻底排查隐患，为后面的生产做准备。”

几个月后，这个煤矿开始了正常生产与经营。为了给股东们一个交代，他也在煤矿启动了目标管理与绩效考核，制订了绩效生产指标和市场营销指标。但是经过了一个月的考核，产量和销量均没有达到目标。此时，股东们再次向王矿长施压："王矿长，既然结果不达标，你就需要进行一定的扣罚。"

王矿长并没有采取这种"直接扣罚"的方式，而是亲自戴着头盔下煤矿了解具体的煤炭开采情况。经过调查发现，该煤矿因煤层问题遇到了开采难题，王矿长根据现状调整了任务目标，并且加强了煤矿的安全生产管理和过程控制。经过一段时间的实验，该煤矿的日开采量逐渐提高，并满足了股东们的要求。

后来，这家煤矿一直采取"过程+结果"的考核管理方式，并使用了3A管理方式进行绩效考核与过程控制，建立了安全生产经营体系。如今，该企业安全生产2000天，创造了一个新纪录。

上面这个案例是一个成功使用过程管理和结果考核的案例，该煤矿后来借助3A管理体系搭建了一个过程控制与结果评估的"安全生产平台"。换句话说，过程控制与过程管理起到了良好的作用和效果。有一位企业管理者说："与结果相比，过程似乎更加重要。如果没有好的过程，也就无法导致好的结果。"就像一个学生学习，如果能够把握好日常的学习过程，倾尽全力，即使考试结果不理想，也能给自己一个交代了。因此，绩效管理的过程同样十分重要，且有以下几方面的体现。

1. 找出影响结果的具体项目

结果是一种过程体现，结果不好，通常是管理执行过程出了问题。企业管理者应该在过程控制方面多花一点心思，找到影响结果的具体项目，比如，某企业找到影响结果的项目有：员工的执行力问题，员工与管理者之间的沟通问题，执行通道的授权问题等。如果管理者能够在管控中解决这些问题，也会引导执行层向正确的方向前行。

2. 加强与之相关的任务建设

通常而言，绩效结果与一个部门或员工的绩效任务息息相关。一个人在完成自己的任务时，会出现各种问题，如技能的选择、工作状态的调整、权限的获取、问题的沟通、相关任务的交接等。管理者重视员工的任务过程，也就能够帮助他们建设自己的岗位，实现岗位、职责、任务、目标一致化。最后，也会引导员工向正确的方向前进。

3. 过程管理还是一种协商

管理就是不停地协商，并达成一致。如果管理者没有与员工进行协商，就会出现矛盾。协商，并不是一种妥协，而是一种管理，并且让员工接受这样的管理，并作出承诺。另外，协商产生的结果需要双方共同承担。因此，员工们也可以放心大胆地投入工作之中。

4. 过程管理能够关注员工的个性和情感

员工是经营管理过程中的“代言人”。换句话说，员工的情绪状态、技能水平、领悟能力和其他职业素养将决定结果的走向。有一位企业管理者说：“对于一家企业而言，员工是最大的财富。如果一名管理者能够在管理过程中提升员工的工作地位，关注他们的情感和情绪变化，鼓励他们，锻炼他们，给他们施展的空间，他们就会用心工作，并且爱上自己的工作。”

虽然绩效结果很重要，但是过程同样重要。3A目标管理重视结果，但是更加关注过程的控制与调和。经营过程得到了控制，执行层的问题得到了优化和解决，距离好结果也就不远了。

二、绩效考核过程控制的错误方式

管理是一种方法，更是一种艺术。绩效考核既是3A目标管理体系中的重要环节，也是需要管理者重点把控的部分。现实中，许多管理者将错误的管理方式带进绩效考核中来，致使绩效考核失效或者变味。

有一家公司，老板姓吴。吴老板是一个非常传统、严厉的管理者，而且非常重视员工的业绩。有一年，这家企业引进了绩效管理，并且用绩效考核员工的工作业绩。起初，许多员工并不适应高强度的考核，第一次考核约有60%的员工没有完成指标。

看到结果之后，吴老板非常生气，甚至召开绩效大会进行了专项批评，并在会上强调："如果一名员工没有责任心，也就无法胜任自己的岗位工作。难道我设定的目标任务就那么高不可攀吗？"后来，吴老板还启动了"末位淘汰制"，评分低的员工将有一定的概率离岗或者解聘。

有一位员工私底下发牢骚："我们老板太注重结果了！结果有那么重要吗？万一赶上市场效益下滑该怎么办？难道老板要把我们全部开除吗？绩效成绩不好，一定有其他的原因，不能把所有的责任都推到员工身上。"还有一位员工认为："老板太强势、太主观了，应该经常去各部门与员工们交流沟通一下，了解一下员工的想法。绩效成绩不是不重要，但是想要让员工们信服，就需要跟大家进行协商。"

三个月过去了，这家企业的大多数员工还是无法完成自己的绩效目标。吴老板大发雷霆，甚至对部分员工进行了"处分"。许多员工战战兢兢，生怕这种"悲剧"发生在自己的身上。

高压管理导致员工离职，许多岗位缺勤缺人，企业的管理执行效率开始下降并出现了较为严重的问题。半年之后，该公司的"绩效考核”只能叫停。

故事中的吴老板是一个强势的管理者，非常重视考核成绩。与此同时，他似乎还采取了一种“倒退硬逼”的管理方式。这种重视结果的考核管理一旦“过度”，就会带来很多问题。因此，企业管理者在考核管理过程中，应该拒绝不合理或者错误的管理方式。现实中，哪些方式是不利于绩效考核过程管理的呢?

1. 过于强调绩效结果

许多老板在绩效管理过程中，总会不停地强调绩效结果。事实上，结果仅仅是管理过程的集中体现，并不是管理的全部。许多员工非常讨厌这样的管理方式，甚至从内心里排斥。就像学生读书那样，如果老师和家长过于强调成绩，不利于学生的后期学习。在我看来，老板在管理考核过程中，应该给员工适当减压。

2. 过于感情用事

虽然说，管理是一件非常主观的行为，老板做出的指令也是一种主观命令。但对于那些理性的、遵守科学管理方式的管理者而言，会尽可能地消除个人的主观意志。然而在现实中，仍旧有一些管理者感情用事，强调个人的主观想法，无法让执行者信服。

3. 不能正确解读绩效标准

现实中，许多企业都有可数据化的绩效指标，也有无法数据化的绩效指标。对于那些没有办法数据化的指标，通常也会设定一个绩效标准。如果管理者能够正确解读绩效标准，那么将会给员工带来正确的引导；如果管理者不能够正确解读绩效标准，或者对绩效标准的解释含混不清，也就无法给员工进行正确的引导。

4. 缺乏清晰的绩效过程记录

虽然有一些企业在推广绩效管理，但是在开展管理活动期间，却没有人去记录相关的数据。缺乏相关记录会出现以下几个问题：①无法公平、正面地对员工的绩效成绩做出评价；②没有记录也就无法知晓员工的具体工作过程，也就无法客观反映出绩效执行过程中的具体状况；③缺乏相关记录，也就无法给员工的晋升提供有效依据。有一位企业管理者说：“许多企业管理者并没有养成做记录的习惯，或者没有建立相关制度。要想解决这个问题，管理者要付出一定的‘劳动代价’，不要太过懒惰。”

5. 说得太多，承诺太少

还有一些企业管理者喜欢业绩，然后不停地向员工灌输绩效业绩的概念，甚至在绩效会上向员工说：“只有提升业绩，企业才有利益，你们才能够得到更多。”当员工们努力完成任务之后，老板却选择性忘记承诺。还有一些企业老板只强调成绩却没有承诺，有一位管理学者说：“没有承诺，员工为什么还要努力付出呢?”管理者一定要承诺员工，并且要按时兑现自己的承诺。

除此之外，还有一些管理者说得太多却承诺太少，也会让员工对绩效管理失去兴趣。对于一个企业而言，管理者想要取得管理绩效，就需要改变自己，与员工多沟通，只有建立了双方互信的关系，才能够把绩效管理工作落实到位。

三、绩效考核过程控制之“沟通”

有一个叫王健的年轻人最近压力非常大，他常常失眠。失眠导致了工作质量下降，业绩也开始下滑。由于绩效成绩没有达标，他没有拿到绩效奖金。就在这个时候，负责绩效考核的管理者打来电话，让他去一趟办公室。

王健来到办公室后，管理者便开门见山道："王健啊，这一次你的考核成绩不理想，公司按照相关规定，并没有向你发放绩效奖金。但是在此之前，你的绩效成绩一直不错，到底出了什么问题？"

此时，王健说出了事情真相："领导，我的母亲身体不好，前几天查出患了冠心病，现在在市中医院接受治疗。我非常担心害怕，最近一直失眠，不知道该如何处理。"听了王健的话，这位管理者并没有指责他，而是流露出关心的神色。然后，他对王健进行了一番安抚，帮助他减压。

约谈结束前，这位管理者特批王健三天假期，并对他说："工作虽然重要，但是家庭也非常重要。我希望你休息调整几天，安顿好一切，然后再回来上班。"

三天之后，王健回到公司，精神状态和精神面貌好了不少，工作时专注度也有了提升。

这是一个非常简单的现实案例，管理者为了找到真相，采取约谈的方式与员工进行沟通，并找到员工在执行过程中遇到的问题，前面，我们也多次强调绩效沟通的意义和作用。管理工作离不开沟通。沟通，不仅仅是一种管理方式，还是一种管理技巧。管理学家巴纳德说过一句话："管理者的最基本功能是发展与维系一个畅通的沟通管道。"如果管理者能够在开展3A目标管理过程中坚持与员工进行沟通，也就能够消除"管理—执行"中的障碍，从而提高管理的效率和管理的质量。那么，在绩效考核过程中，沟通到底能起到哪些作用呢？

1. 管理者通过沟通了解工作进展

管理者是绩效考核的制订者，而不是绩效指标的执行人，因此他无法准确了解相关工作的进展。因此，许多管理者为了了解工作进度，就会定期与相关责任人进行沟通。比如，某企业正在筹建新项目，项目设定的建设周期为一年。管理者打电话问项目负责人：“工程的进展如何？还需要多长时间落成？”项目负责人说：“项目进展顺利，已经完成了80%的施工项目，大概再需要三个半月就能全部完成。”通过这种简单的沟通，管理者就能够了解工作进度，并根据项目进展情况做出决策指令。

2. 管理者通过沟通寻找解决措施

管理者也并非无所不能，遇到问题也需要其他的帮手。比如，某企业进行项目攻关，而该项目在运行过程中遇到了问题。管理者需要举全公司之力去解决这个问题，因此这位管理者通过“头脑风暴”的方式寻找解决办法。经过一个月的沟通、协商与验证，管理者找到了一个合适的解决办法，并解决了项目攻关遭遇的问题。问题解决了，执行通道也就打通了，员工的执行力和绩效成绩均得到了不同程度的提升。

3. 管理者通过沟通对员工进行指导

有些老板希望自己的员工能够解决所有的问题，并把赌注全部押在员工的头上。现实中，员工并非超人，他们也有自己的弱点或者能力不足的地方，无法解决所有的问题。如果一名员工遇到了棘手问题，甚至完全无法通过自己的能力去解决，此时，管理者应该及时给予指导或者授权，辅助员工去解决问题。如果管理者坚持让员工独立完成，而员工却始终无法胜任，最后就可能错过最好的解决时机。在现代企业管理中，管理者不仅仅是绩效指标的制订者，还是绩效管理过程的辅导者。

4. 管理者通过沟通保持工作过程的流畅度、弹性和敏感度

有一位企业管理者认为："一个优秀的管理模式一定是有弹性的管理模式，而不是像 KPI 考核那样呆板。管理者需要不断地调整绩效任务和绩效目标，给员工一定的施展空间。松的时候给紧一紧，紧的时候给松一松。另外，有一些绩效考核指标缺乏敏感性，也需要通过沟通的方式去解决。"从这番话中不难看出，管理者需要借助沟通的方式确保工作的流畅度和考核的敏感度，排除"管理—执行"中遭遇的各种障碍。只有这样，管理者才能够解决问题。

沟通是管理的基础，也是开展 3A 目标管理工作的重要工具。管理者要定期与执行者保持沟通，了解工作的进展，帮助消除工作中的障碍，提升考核的敏感度，随时根据工作执行的实际情况调整绩效考核指标。沟通既是一把管理万能钥匙，也是一个开展 3A 管理工作的工具箱。

四、绩效考核过程控制之"收集信息"

虽然许多企业很重视绩效考核的过程，并且能够关注考核过程所出现的各种问题，但是还有一些企业并没有建立行之有效的绩效考核日志，甚至没有形成相关的信息记录体系，到了最终考核的时候才发现：由于缺乏记录，无法为考核提供可靠的依据。因此，企业应该专门设定相关角色对考核过程中的相关信息进行整理，并形成日志。

1. 收集信息能够解决三大问题

信息是一种依据，也是管理者了解工作进度、考核现状的最直接、最有价值的资料。收集信息能够解决三大问题。

（1）辅助管理者了解进度。许多企业都有这样一个规定，管理者要

求核心部门或者被考核的部门的管理者和员工每日撰写工作总结，工作总结要求500～1000字。许多员工认为，这样的要求是荒唐的。然而实践证明，被考核者如果每天拿出15～20分钟的时间进行总结和记录，并形成工作日志，对自己的工作和老板的决策都非常有帮助。当管理者了解了执行工作的状态和进度时，会适时做出调整。

（2）对员工的绩效总结做出反馈。俗话说：“书到用时方恨少。”对于绩效考核而言，信息数据就相当于一本有价值的参考书。绩效考核的评价阶段，需要企业和相关部门提供大量有价值的数据和信息资料，倘若没有这些资料，就会给评价工作带来阻碍。

（3）能够帮助企业建立管理闭环。有一位企业家说：“管理信息和管理数据相当于航海日志，这些信息对于继任者有莫大帮助。”还有一位资深的培训专家认为：“企业的管理闭环就是由大量的信息和数据组合而成的，企业需要收集并整理这些数据。”

2. 收集信息有四大作用

如今已经进入了信息时代。信息时代之下，海量信息包含了很多有价值的东西。对于企业而言，企业在考核管理过程中所产生的信息，是非常有针对性的宝贵信息，收集信息有四个作用。

（1）给予员工正面的、客观的评价。员工工作时，就会产生相关的信息数据，这些数据有积极的，也有消极的，因而能够客观反映出员工在执行工作时所发生的情况。根据这些信息，管理者或部门负责人就能够给员工进行客观的绩效评价。

（2）提供解决方案。许多企业都在为员工和执行人输出流程，并要求员工按照相关流程去办事。但是这些流程是怎么来的呢？有一位企业管理者给出了答案：“这些解决方案，都是从现实的执行案例中提炼出来的。”想要提炼执行案例，就需要相关人员把案例的相关信息资料整理出来，并以此作为复盘和萃取的对象，萃取出经验，并形成流程。

（3）为组织提供辩护。还有一种情况不得不说，如果企业与员工发生了纠纷，那么相关数据和信息将会成为关键的诉讼材料，给解决双方的“敌我矛盾”提供重要依据。

（4）提高员工的综合执行能力。数据能够客观反映出员工的工作状态，其中包括执行力、技能运用、执行通道等。管理者能够通过数据和信息了解员工的工作情况，并及时与员工进行沟通，或者给员工提供指导方向。得到帮助的员工也就能够快速形成执行力，继而提升自身绩效。

3. 管理者或相关人员应该收集的四大重要信息

绩效考核管理在执行过程中将会产生大量的工作信息，这些信息中，有的有价值，有的没有价值。因此，管理者或者相关负责人应该收集与考核存在直接关联的信息。

（1）绩效目标完成信息。不管绩效目标是完成的还是未完成的，这种带有“结论”性质的信息都应该及时记录下来。这些结论性的信息对绩效评价和管理优化有巨大的辅助作用。

（2）外部的反馈信息。有一些企业非常重视内部的反馈声音，却往往忽略外部的反馈声音。比如，某企业客户反馈，该公司产品存在质量不合格现象。这样的客户反馈信息非常重要，而这样的信息与企业的管理和执行有莫大的关联。

（3）工作的常规绩效信息。绩效过程是一个长期过程，在这个过程中会产生大量信息。但凡与绩效相关联的信息，管理者可以通过制度要求执行人进行相关信息的记录，如每周写一份工作报告，并在工作报告里体现出绩效工作的进度和相关问题的呈现。

（4）影响绩效工作的信息数据。现实中，影响绩效工作的元素和状况有很多，这些状况需要相关人员及时记录，并快速形成“问题模式”，交给管理者进行评判和解决。

有人问："企业收集相关信息的渠道都有哪些呢？"现实中，企业收集信息的渠道有很多，比如员工撰写工作总结报告、上级部门的检查、监督记录、上下级沟通信息记录和下级的反馈信息等。只要企业能够及时对相关信息进行记录、整理，就会对企业的绩效管理的改进与优化工作有所帮助。

五、绩效考核过程控制之"关键节点"

3A目标管理是一套过程控制、绩效考核、管理优化的管理体系，在管理推进过程中，有几个重要的节点。如果管理者能够把握住这些节点，将会大大推动3A管理的进程，让3A在企业里发挥作用。有一位管理者说："绩效管理的节点并不是某个'点'，而是在某个区域内做好某一件事。这些'点'能够体现3A目标管理的细节，而这些细节则决定绩效管理的成功与否。"

有人问："3A目标管理体系中，有哪些关键节点呢？"经过多年的实践经验的总结，我们找到了以下七个关键节点。

1. 岗位节点

通常而言，我们常常将企业的绩效总目标进行分解，并下分到每一个部门、每一个岗位。如果岗位上有一位执行人，指标将对执行人有直接的考核作用。俗话说："一个萝卜一个坑。"因岗设人或者因人设岗，都需要人岗结合在一起。绩效指标既是岗位指标，也是岗位员工的指标。因此，管理者要推动绩效管理工作，就必须要明确岗位和岗位职责，并约定岗位上的执行人在怎样的范围内做怎样的事情。只有这样，才能抓住岗位节点，将绩效指标分解下去。

2. 职位节点

职位与岗位有所不同，职位带有某一种权力。比如，营销职位的权限在于产品的营销。在一个企业组织里，职位与岗位往往捆绑在一起。某个岗位有一名员工，该员工拥有某个职位身份，并且从事该身份赋予的相关工作。企业管理者想让员工们了解自己的职位，就需要对“职位”进行详细的描述和解释。因此，许多企业在筹建岗位并设定相关职位的时候，就会撰写《职位说明书》，并将说明书发放给员工。

3. 考评节点

这里所讲的“考评节点”并不是绩效终极考评，而是3A目标管理在推进过程中所进行的阶段性考评。需要补充的是，过程中的考评往往以阶段性的绩效考核为主。管理者不要把阶段性的考核当作考核的终点，而是应该把它当作考核过程的一个“促进点”。在这个节点上，管理者应多采取鼓励和指导的方式帮助员工厘清工作思路，扫清执行障碍，从而提升绩效。有人说：“考评节点仅仅只是一个节点而已，充其量是一个摸底考试。”

4. 问题节点

任何企业在管理过程中，都会出现不可预测的问题，这些问题有的大，有的小，有的对绩效管理产生较大的影响。如果某个企业在管理过程中出现了较为关键的问题，就需要把这个问题进行“节点化”，并以此进行问题模式的搭建，形成问题解决模型。问题解决模型需要管理者协同相关当事人一起建立，并采取相关的方式方法进行解决。问题得到解决后，还需要建立评估改进方案，对后期的管理方法进行优化和补充。

5. 奖励节点

绩效管理不是为了奖励，也不是为了考核，但是奖励却是绩效管理中的重要环节。我们也可以把奖励节点当作一个兑现与转化的节点。现实中，许多管理者在年终各项奖励奖金的发放方面，以“奖励大会”的形式进行呈现。在奖励大会上，管理者不但公开兑现承诺，而且以此为契机对员工进行鼓励，让员工加深对企业的良好印象，并提升员工的忠诚度。如果管理者能够抓住奖励节点，也会对员工有触动和鼓励作用。

6. 目标实现节点

对于一个企业而言，实现目标意味着一切。企业组织开展 3A 目标管理也是为了实现目标。如果到了目标的“冲刺阶段”，管理者就应该全力以赴为员工保驾护航，让员工鼓足勇气，拿下终极目标。许多管理者也会召开“誓师大会”，在会上对员工做出承诺，鼓励员工做好冲刺工作。因此，目标实现节点是决定终极目标能够顺利实现的关键节点，也是企业管理者重点关注的节点。

7. 转化节点

转化节点通常出现在考评结束之后和下一次绩效工作开展之前。这个节点具备一种承上启下的关键作用。有一位企业管理者说：“第一次绩效活动结束后，总结复盘工作需要及时进行；另外，经验的萃取工作也要进行，并且将萃取的经验和建立的新模型运用到下面的工作中。”换句话说，转化的节点并不是一个“点”，而是一项重要工作。

除此之外，企业管理者还需要做好管理与执行的“结合点”，借助沟通的方式让员工接受企业的考核指令，让管理目标与执行目标达成一致。只有这样，企业管理者才能够做好 3A 目标管理工作。

六、绩效考核过程控制之“跟踪”

有一家公司的董事长王总是一名海归博士。王总有着丰富的海外从业经验，因此把海外的管理工作方式带到了国内，并率先使用了“目标+绩效”的管理方式。

有一年，该公司投入了一个新项目。新项目成立之后，王总也启用了绩效管理，并将绩效目标层层分解到每一名员工。员工们了解王总的管理方式，也积极予以配合。但三个月之后，新公司的绩效并没有得到提升，反而有下降之势。王总非常着急，组建了专家团队对公司进行管理诊断。其中有一名专家成员提出建议：“我们需要对管理绩效进行跟踪，通过跟踪了解公司的‘执行层’到底发生了什么！当前来看，我们难以从中找到关键问题。”于是，这家公司成立了专家团队对新公司的考核过程进行跟踪。

经过一个月的跟踪，专家团队发现：新公司在执行流程方面存在问题，个别岗位责任不明，还有一些部门仍旧无法彻底解决效益“跑冒滴漏”的现象，因此员工的绩效无法得到提升。问题找到了之后，专家团队提供了解决方案，解决了几个重点问题：第一，修复了执行流程存在的问题；第二，完善了岗位职责，并形成岗位说明书；第三，建立了监督制度，要求监督人员定期检查，并撰写检查记录；第四，定期对员工进行相关方面的辅导，提升员工的综合执行能力。

建立绩效跟踪体系之后，该公司的绩效执行问题得到了妥善解决，员工的绩效成绩得到了提高，公司的效益也得到了提升。王总总结道：“完善绩效追踪体系是确保绩效管理质量的前提条件，专家团队要定期给公司进行绩效追踪和绩效诊断，及时找出问题，排除隐患。”

很显然，案例中的这家公司尝到了绩效追踪的甜头，并建立了绩效追踪体系。绩效追踪非常有用，甚至能够起到非常重要的辅助意义。但是有人问：“追踪与监控员工的工作，是否是一种不太人性化的管理方式呢?”如今，许多企业都有类似的监督、追踪机制，不仅定期检查员工的“工作质量”，而且还进行阶段性的考核评价，并形成相关的评价记录，将结果记录在册。这个工作看上去非常复杂，却有积极的意义。

欧洲某国有一个水产公司，该公司捕捞并加工海洋鱼类。众所周知，食品加工对食品的卫生检疫要求是非常高的，如果卫生检疫指标不合格，食品将会被销毁。因此，该公司建立了追踪制度，对产品的生产线、包装线、营销线进行全面追踪和检查。

有一年，该公司加工了一批北极地区捕捞的深海鱼。这批渔获质量非常好，公司的管理者们仿佛已经闻到了金钱的味道。当生产线上第一批产品下线之后，追踪部门开始对该批次产品进行检查，并且回放了相关视频记录。在回放视频记录的时候发现，一名员工没有按照标准的操作方式进行操作，产品存在污染的可能性。经过产品检测发现，该批次产品存在卫生指标不达标现象。于是，该公司与操作失误的员工进行了谈话，并规范了员工的工作行为。第二批产品下线之后，产品质量全部合格。

另外，该公司还给员工安装了一个小型智能设备。员工结束自己的工作时，将自己的工作记录随时上传到公司的数据库里，并形成相关数据。这些数据包括：工作时间、工作量、工作目标完成进度、存在的问题等。管理者通过及时更新的数据就能够了解到公司的绩效管理的现状。该公司的一名负责人说：“我们公司借助‘追踪体系’提高了生产效率和生产质量，能够100%控制住整个管理执行流程，防止不合格的产品登上消费者的餐桌。”

如何才能够监控、检查员工的绩效工作的过程呢？成熟可用的方式方法有很多，比如，安装监控摄像头，对员工的工作状况进行全程监控，再根据监控视频及时找到问题，并对绩效过程进行管理和控制。再比如，建立面谈机制。有一些企业管理者或者部门负责人会定期与员工进行一对一的交流，并形成交流笔记，了解员工的工作进展和工作现状。还有一些企业则采用“节点考核”的方式对员工的阶段性绩效进行考核，并形成相关的数据，而阶段性的考核并不纳入“总体考核”规划里。另外，有一些公司非常时髦，他们采用了先进的互联网技术装置，对员工的工作进行全面检查，并形成工作数据。总之，一个企业需要建立绩效追踪体系。采用3A目标管理的公司也需要建立3A目标管理追踪体系完善目标管理的工作。只有这样，企业才能够提升管理质量，防止检查不善所导致的责任问题。

七、绩效考核过程控制之“辅导”

有一位企业管理者说过一句话：“在企业管理者面前，企业员工并不是下属，而是自己的合作伙伴，甚至还是自己的学生。员工与企业一起成长，而企业也更像是员工的‘学校’。”事实上，一个人从大学走向社会，如同从一个学校走向了另一个学校。企业是学校，管理者是老师，员工是学生。员工需要管理者的辅导和关怀才能够快速成长。如今，企业的骨干力量已经被“80后”“90后”占据，这群年轻人需要企业组织的管理者去精心培育。3A目标管理体系是一个需要员工展示才华的体系，同样也是一个尊重人性、体现人性价值的体系，它更加需要管理者去辅导、引导员工。

1. 辅导员工到底有哪些意义

辅导是一项非常有意义的工作，许多员工经过辅导之后，不仅能够明确工作的方向，还能够获取成功处理问题的经验，从而快速解决问题。具体来讲，员工辅导有以下几个好处。

（1）辅导能够让员工快速获得工作能力，并且弥补个人的不足。比如，有的员工缺乏处理问题的经验，管理者将成熟的经验介绍给他，他便能够快速掌握并应用该经验去解决问题。

（2）辅导具有“对症下药”的特点，能够让员工快速获得有效解决问题的经验。许多时候，员工并非没有解决问题的能力，只是缺乏“对症解决问题”的能力，而这种能力管理者常常具备。因此，管理者可以通过辅导的方式向员工们输出“对症下药”的解决问题的方式和方法。

还有一些新员工，因入职时间不久，不能严格按照标准进行工作。在这种时候，企业管理者就需要挺身而出，用辅导的方式帮助新员工，给新员工做出示范，并以此规范新员工的工作，继而确保员工们的执行绩效。

许多员工往往在不知情的情况下，劳动效率持续降低。从表面上看，员工依旧按照既定的流程去工作。事实上，可能是流程遭遇了问题。如果管理者发现了此问题，就需要及时对流程做出调整，并辅导员工如何使用新流程，继而提高工作执行效率。

员工就像学生，不仅需要老师的辅导，更加需要老师的鼓励。因此，管理者应该以辅导为契机，鼓励员工大胆做事，鼓励员工突破自我，实现自己的“华丽转身”。

2. 辅导员工都有哪些方式

辅导员工的方式方法有很多，常见的方式有三个，即具体指示型辅导、方向引导型辅导、鼓励型辅导。

具体指示型辅导。许多员工在自己的岗位上需要完成技术含量较高的工作，而这样的工作需要员工拥有较高的技术能力。管理者在辅导员工的过程中，需要一步一步进行具体指示，让员工明确工作的方式和相关技术的应用，以实现绩效任务目标的达成。

方向引导型辅导。有一些企业存在一些没有量化的绩效指标，尤其是“后勤岗位”，需要管理者给出具体的方向引导，让员工的工作有章可循。工作方向明确了，工作才具有意义。

鼓励型辅导。有一些员工本身拥有较强的工作能力，往往也能够在自己的工作岗位上展示出自己的特点，并且能够完成公司交代的业绩指标。为了让员工们进一步提升业绩，管理者需要定期鼓励员工，让员工获得认可和信心。员工得到了鼓励，也就能够更加卖力地去工作，并且提升自己的业绩水平和执行效力。

3. 辅导员工的注意事项有哪些

辅导员工是一件重要的事情，管理者不仅要重视辅导员工工作，还要坚持用科学的方式去辅导员工。

管理者辅导员工的时候，要放低自己的姿态，与员工保持对等。如果管理者总是摆出一副高高在上的姿态，将不利于辅导员工工作。

管理者要信任员工，在辅导员工的过程中流露出信任感，并鼓励员工，让员工有自信心。

管理者对员工的辅导是长期的，而不是“缺什么才补什么”。管理者要摆正辅导心态，把辅导工作当成一场拉锯战。事实上，只有长期的、连续的辅导才能够让员工得到成长。

管理者要注意挖掘员工的潜能。人各有所长。如果一名管理者能够挖掘出员工的潜能，让员工在自己的工作中发挥自己的特长，将会大大提高员工的劳动绩效。

管理者还要敢于授权给员工，让员工大胆去尝试。辅导的目的是什么？就是让员工最大限度地展示自己的能力，为企业带来收益。

管理者在传授员工技术的时候，还要向员工传授学习技术的方法。俗话说："授之以鱼不如授之以渔。"管理者应该采取传授与启发相结合的方式，让员工既能快速得到技能，又能掌握学习技能的方法。

员工辅导工作是一种具备企业战略价值的工作，管理者应该重视该项工作，把员工辅导工作纳入3A目标管理体系，继而形成员工辅导的长效体系。

八、绩效考核过程控制之"责任强化"

如何才能确保岗位工作的质量呢？绝大多数的企业管理者和员工给出了答案：责任。有一位企业管理者说："员工从事岗位工作，责任重于技能。"言外之意，只要一名员工拥有强大的责任感，就会想尽一切办法把工作做好。许多企业因员工的工作疏忽而造成"责任事故"，而"责任事故"也是当下企业的主要事故类型之一。

有一家煤矿企业的王矿长非常关注煤矿的安全生产，他认为："宁可减少煤炭产量，也不能将安全责任放在一边。安全生产，就是煤矿的生命线。煤矿员工要有十二分责任感，才能够打起精神，防止事故发生。"因此，这家煤矿也将安全责任进行了目标化，并形成了考核数据，对员工的安全责任进行评估。

有一年，该煤矿再一次扩大井下开采面积。为了进一步提高产量，有一位员工因盲目追求绩效而操作不当引发了安全事故，并造成重伤。事故发生之后，煤矿立刻成立了事故处理小组对事故进行处理。后来，重伤工人因伤势过重，最终死亡。众所周知，死亡事故对煤矿而言，是致命的。许多煤矿因责任安全事故而被迫关停整顿。一起死亡事故，不但给一个家庭带来巨大打击，而且让煤矿付出巨额的赔偿，给企业的形象带来巨大的负面影响。

据了解，该煤矿因为一名员工的责任事故付出了几百万元的代价。正因如此，王矿长下定决心强化员工的责任，并组建责任检查小组定期对生产进行责任检查。与此同时，王矿长聘请安全专家对员工们进行长期的安全教育和安全责任培训，唤醒员工的责任意识，加强责任体系建设。在这种责任教育与责任意识的灌输之下，煤矿员工的责任得到了强化，严格按照标准进行操作。此后，该煤矿连续五年没有发生责任安全事故，煤矿的产量和效益都有明显的提升。

责任是一种效益，能够进行责任强化，也就能够守住自己的利益。美国前总统林肯说过一句话："每一个人都应该有这样的信心：人所能负的责任，我必能负；人所不能负的责任，我亦能负。如此，你才能磨炼自己，求得更高的知识而进入更高的境界。"责任是做成所有事情的基础，没有责任，也就无法保证管理执行的工作质量。

3A 目标管理体系也是一套责任体系。事实上，任何的管理体系都要在责任的辅助下才能够发挥作用。

有一家企业原本效益不错，企业老板也有着非常新颖的管理思路。有一年，该公司生产并销售了一批产品。产品销售不到半个月，许多客户便要求退货退款。后来，技术人员对退回的产品进行检测，发现产品中的一个零件因质量不合格致使产品损坏、报废。该公司成立了事件解决小组，并对事故进行调查。后来检查发现，该零件从采购到组配等多个环节，都有责任疏漏的地方。换句话说，由于员工的责任心不强，导致不合格的零件能顺利地通过从采购到装配再到出厂销售这一系列流程并最终引起重大的责任事故。换句话说，如果这家企业能够在目标管理执行过程中加深责任的建设与监督，也就不会引起该事件。后来。这家公司还进行了社会公关，并给客户进行了产品更换或全价包赔。付出了惨重的代价之后，该公司才建立了责任绩效体系。

如何才能够加强责任呢？有一个词叫“定岗定责”。一个企业需要将责任以绩效考核的形式与岗位考核形成一体。岗位工作必须在强化责任的基础上开展，而员工所进行的每一项工作都需要接受责任监管。另外，一个企业还需要完善责任体系建设，形成一套岗位职责、岗位风险、岗位绩效、岗位工作难易程度于一体的岗位责任原则，并形成岗位责任说明书。在责任绩效考核方面，企业管理者还可以对责任项目实行打分制，比如，主岗责任绩效总分为100分，其中与责任相关的工作项目各占5～20分不等，最终由岗位责任考评员进行打分，岗位责任绩效分数与绩效奖金息息相关，这样也就能够督促员工严格落实岗位工作，并且把责任放在首位。

第十章　周会与质询会的管控技巧

一、让绩效管理更加有效的“绩效会”

许多人一听到“开会”二字就头痛不已。虽然许多员工不喜欢开会，但是许多管理者却喜欢开会。开会到底有没有用呢？有一位企业管理者说：“开会的目的是总结和传达，是非常有价值的管理方式。以我们公司为例，每周一次的绩效会，用来总结一周的工作，引导并鼓励员工做好工作，提高工作绩效。”而某企业的一位员工则认为：“老板总是借着开会发表个人感想，或者把会议变成个人的思想批判大会，甚至每一次会议都是老调重弹，许多人都听腻了。”从这两个不同的声音，我们可以得出：会议能够起到总结、分析、传达、分解等作用，但是如果变成了“一言堂”或者“老调重弹”式的会议，就会让其失效。因此，管理者需要的是高效的会议，而不是让员工讨厌反感的会议。

许多企业在推行3A目标管理体系的时候，同样需要借助高效的“绩效会”解决相关的问题，让会议替管理者承担一些责任。那么如何才能够让绩效会更加有效呢？

首先，管理者需要明确绩效会的功能。

绩效会都有哪些功能呢？从字面上理解，绩效会一定与绩效管理有关。因此，绩效会具有五个功能。

（1）提供信息。企业管理是一项庞大而复杂的工作，管理者不仅要亲自管理，而且要向员工提供大量的关于企业管理、政策调整、资源安排、市场行情等重要信息，而这些信息能够影响并改变员工的工作决策，让员工的工作调整做到有章可循。

（2）收集信息。收集信息还有一个说法，叫汇报工作。绩效会不是“一言堂”，而是一种“双向互动”的会议。在绩效会上，管理者通过收听或者收集员工汇报的信息为今后的管理安排做出决策。

（3）解决问题。许多时候，管理者与员工并没有太多相处的时间，积攒的问题也难以寻找合适的解决机会。因此，绩效会将会提供这样一个媒介，让管理者与员工共处一室，携手解决绩效管理过程中存在的各种问题。

（4）宣传功能。每一个企业都有自己的文化和精神理念，且每一个阶段的文化和精神理念都有所不同。企业需要将这些理念和价值观念传递给员工，而绩效会也是一种非常好的宣传工具。

（5）培训训练。绩效会是一个“功能较多”的会议。比如，某个公司利用每周一次的绩效会对员工进行简单的综合培训，并且取得了不错的效果。

其次，管理者需要明确绩效会的目的。通常来讲，企业管理者召开会议是有一定的目的的。因此，管理者需要明确召开绩效会的目的。通常来说，有以下几种。

（1）进行有效沟通。绩效会是一种沟通工具，管理者与员工坐在一起，用沟通的方式交换意见和想法，并想方设法达成共识。

（2）协调上下级矛盾。有人说：“上下级之间存在着一种‘天然’不可调和的矛盾。”如果上下级矛盾加剧，绩效管理的效率就会下降。绩效会能够帮助管理者协调并化解上下级之间的矛盾。

（3）资源共享。互联网时代是一个共享的时代，只有双方共享资源和智慧，才能够实现双赢。因此，管理者能够通过绩效会搭建一个“资源共享”平台，让大家共享、分享彼此的资源和智慧。

（4）激励员工。有人说：“许多企业老板在会议上给员工们‘打鸡血’，帮助员工树立信心。”当然，“打鸡血”这种方式并不值得提倡，但是鼓励员工的做法必须要经常进行。管理者在绩效会上激励员工，给员工信心；员工也会建立起自信，发挥自己的主观能动性。

（5）树立管理者的权威。有人说，管理者应该“去权威”，营造一种“去中心化”的管理氛围。事实上，管理者的权威形象是有利于绩效管理工作的推进和开展的。因此，管理者需要通过绩效会树立一副既权威又民主的形象，管理者的形象在某种程度上决定了企业的形象。

（6）集思广益。还有一些企业管理者把绩效会开成了“复盘会”和“淬炼会”，即通过“角色扮演”等方法集思广益，让员工共同参与绩效管理过程的复盘与萃取，并以此建立问题解决模型。

企业管理者明确了绩效会的目标和功能，也就可以启动绩效会了。在启动绩效会之前，管理者还需要提前制订出会议流程，比如，绩效会需要准备些什么，需要哪些人员参与，会议通知的发放和会议时间怎么安排等；绩效会圆满结束之后，管理者还要对绩效会达成的共识和形成的新模式进行跟踪，并持续改进绩效管理。只有这样，绩效会才能有效。

二、“绩效会”里的三类角色

绩效会也是一种会议形式，符合会议所具有的特征。通常来讲，会议拥有八大特征：①必要的时候才开会，不必要的时候不要开；②会议前需要提前准备、筹划；③向参加开会的人员发放会议时刻表；④约定开会时间，并要求与会人员按时参加会议；⑤按照会议的顺序流程召开；

⑥需要有三类角色的人员参与会议；⑦需要做出评论和结论性的评价；⑧与会期间需要有专人进行会议记录。因此，绩效会也需要符合以上八点，才能够产生会议的效果。

开会离不开人，参加会议的人通常有管理者、广大员工和推动人。管理者是主持并发起会议的人；广大员工是会议的参与者；推动人能够推动会议的进程，并且帮助管理者控制会议的时间、进度等。会议中的三类角色也就是管理者、推进者、参与者。

1. "管理者"的角色

一个企业组织召开绩效会，往往由公司管理者或者部门领导进行安排。因此，管理者是绩效会的发起人和组织者。那么管理者在绩效会中主要起到怎样的作用呢?

（1）确定参与会议人员的名单。对于绩效会而言，绩效考核的对象就是需要参加的主要人员名单。

（2）营造绩效会的气氛。召开会议之前，管理者需要对会议进行相关的宣传工作，并营造出气氛。

（3）发起相关讨论题目。既然管理者是会议的组织者，也就是会议的发起者，会议中的话题、游戏、活动等均由管理者发起。因此，管理者还需要在召开会议之前对相关讨论题目等进行提前准备。

（4）给会议设定期望值。如何才能把绩效会开得有价值呢？在我看来，管理者需要给绩效会设置一个期望值，并朝着期望的目标发展。绩效会是一个有目的、有任务的会议，管理者也应该给自己设定一个方向和任务。

（5）做出结论性的发言。管理者是会议的发起人，也是会议的总结人。在绩效会结束之前，管理者需要给出结论性的陈词，并对会议内容简单做出评价。

（6）提醒绩效任务的重要性。现实中，管理者往往会在绩效会中督促员工，并且强调绩效任务的重要性和目标工作的紧迫性。

2. “推进者”的角色

除了会议的组织者之外，会议的推进者也是非常重要的角色。还有一些会议有专门负责会议主持工作的相关人员，他们不仅能够控制会议的召开时间，而且还有有效推动会议、防止会议冷场的责任。那么推进者在绩效会中主要起到怎样的作用呢?

（1）适当管理与会者的行为。现实中，许多参与会议的人会出现各种各样的行为，比如交头接耳、睡觉、打游戏等，推进者应该根据绩效会的现场状况，及时给予提醒。

（2）确保与会者的安全。绩效会的推进者还有一个重要的使命——确保会议的安全。许多大型企业在召开绩效会时，往往会选择大型会议室或者礼堂，因此就需要按照礼堂等安保条约为与会人员提供安全保护，比如消防、紧急疏散等保护行为。

（3）充当记录员进行记录。绩效会是一个企业非常重要的阶段性会议，会议内容与绩效管理的修正与优化息息相关。因此，推进者需要充当记录员进行会议记录，并整理成册，给管理者后期决策提供可靠的依据。

（4）时间控制。会议主持人通常会把会议分段、分时。一个有时间限制的绩效会才能够体现出高效的特点。

（5）将会议发言人带回主题。绩效会中，常常有与会人员的发言时刻。会议推进者需要引导发言人发言，防止发言人的发言偏离会议主题。

3. “参与者”的角色

绩效会的参与者看上去或许并不重要，实际上却是最重要的成员。通常而言，参与者是广大的被考核对象，也是一个公司的执行层。那么参与者在绩效会中主要起到怎样的作用呢?

（1）了解绩效会的目的和背景。参与者是会议的参与方，也是“被动方”，但是参与者想要从绩效会中获得对自己有利的信息，就需要提前对绩效会进行了解，明确绩效会的目的和背景。

（2）积极倾听。会议的参与者也是会议的倾听者。因此，参与者应该进入“聆听者”的角色，认真听取绩效会的信息内容。

（3）承诺并履行义务。通常而言，管理者会通过绩效会发布任务和命令，参与者应该接纳任务与履行相关义务。

（4）积极参与会议活动。会议期间，参与者也常常会变成发言人，或者话题讨论者。参与者应该积极参与会议活动，并分享自己的经验和想法，为会议做出有价值的输出。

绩效会是绩效管理工作和3A目标管理体系中的重要一环，而绩效会又是管理者、推进者、参与者直接见面、沟通、协商、交流、约定的“派对”。如果三个角色各自履行自己的职责，明确自己的会议任务，也就能够组织并呈现出有价值的高效绩效会。

三、“绩效会”主持人控制技巧

通常来讲，企业的绩效会往往直接由部门管理者主持。但是还有一些企业规模较大，参与绩效会的人数较多的情况，这样的大型绩效会，管理者往往只能承担组织者的角色，并且把绩效会的主持工作交给会议主持人。顾名思义，会议主持人相当于晚会的主持人，主持人不仅能够让绩效会变得更加正式正规，还能够有效推进绩效会，让绩效会更加有层次感。或者说，主持人能够起到控制绩效会的作用。

1. 绩效会主持人需要坚守几项规则

主持绩效会，主持人需要坚守以下规则才能够把绩效会的主持工作做好。

（1）准时到场，不得迟到。主持人是会议的引场者，往往要比其他与会人员提前到场，并需要在会议之前将准备工作做好。

（2）制订会议规则。会议开场之后，主持人需要宣读绩效会的规则，比如发言顺序，会议相关环节和会议期间的相关注意事项等。

（3）确保发言全面。一般而言，会议主持人需要拥有流利的逻辑表达语言，在主持会议过程中确保发言的全面性，并给予与会者或者发言人以启示。

（4）确保会议主题不偏离。许多时候，参与发言的人员会偏离会议的主题。而此时，主持人需要及时引导和提醒，将发言人的言辞拉回主题。

（5）提醒会议进度。会议的“时长”常常被人诟病，会议既不能太短，更不能太长。主持人应该定时看表，掌控绩效会的时间，并提醒发言人注意发言时间，将绩效会的时间控制在既定的时间内。

（6）进行简明扼要的阶段性总结。当一名发言人结束发言之后，主持人应该用简明扼要的语言进行总结。

（7）防止会议冷场。绩效会与晚会不同，晚会因为其缤纷多彩的内容能够给观众带来许多的兴趣点，但是绩效会是一种传统的会议，当与会人员的兴趣开始降低时，就会出现冷场现象。会议主持人应该适当调节会议气氛，提升与会者的参与兴趣，防止会议冷场。

（8）应付突发状况。有时候，会议中也有突发状况发生。主持人应该具备应对突发事件的能力，确保会议的圆满结束。

2. 绩效会主持人需要掌握的技巧

主持会议与主持晚会有相似之处。主持人不仅要有相当深厚的语言功底和控场本领，还要掌握一定的主持技巧。

（1）语言口语化。现实中，许多主持人模仿一些明星主持人的主持风格，或者提升语言的“高雅”程度。但是，绩效会却需要一种常规的、平易近人的口语化的语言。口语化的主持语言，不仅能够同与会者拉近距离，而且能够活跃绩效会的气氛。

（2）眼神要互动。主持人与与会人员要时刻保持互动的状态。除了语言互动之外，眼神也要做到互动。俗话说："眼睛是心灵的窗户。"一个人是否真诚、热情，都能够通过眼神传递出来。如果一名主持人注重眼神交流和眼神互动，将会提高绩效会的会议质量，吸引与会人员参与绩效会的互动。

（3）善于烘托氛围。主持会议并不是一件轻松的工作，它需要主持人时时活跃会议的氛围。比如，有些主持人通过语音变调的方式吸引与会人员。还有一些主持人会在会议上简单讲一些幽默段子和故事，或者设置音乐环节。另外，主持人要想尽办法与与会人员搭建起沟通的桥梁，让与会人员主动参与会议主题。

（4）适当用词。主持人的主持工作需要语言来支持和辅助，因此主持人主持绩效会的时候，首先，应该坚持科学用词。主持也是一种礼仪，主持人应该尽量使用规范的会议标准礼仪用语。其次，主持人要使用通俗易懂的词语，而不是偏门、冷门或者专业程度非常高的词语。最后，主持人要礼貌用语。

（5）澄清观点。当一个与会人员发言结束之后，会议主持人应该澄清观点，并且做简短的总结性的陈述。另外，主持人做完陈述总结之后，还要继续引导出下面的会议环节。

（6）控制语速。主持人的语速非常重要。语速太快显得轻浮；语速过慢则给人一种拖沓的感觉。主持人在主持会议之前，应该加强该方面的训练，合理控制语速，并且配合会议中的各个环节，让麦克风与嘴巴保持适当的距离。

（7）从容淡定。从容淡定、临场不乱是主持人的基本素养。如果一个人心理素质较差，就不适合从事会议主持人的工作。对于企业管理者而言，要选择淡定从容、仪表大方、吐字清晰、有较强气场的员工进行绩效会的主持工作。

绩效会虽然是“阶段性”的会议，甚至每周都要召开。但是，企业管理者仍旧需要重视绩效会的主持工作，选准主持人，或者对会议主持人进行培养、培训，继而提升绩效会的会议效果。

四、“周会”的管控技巧

许多企业都在定期召开绩效会，比如，某企业一个月召开一次绩效会，这种绩效会也被称为月会。还有一些小公司则一个季度盘点一次，这种绩效会称为季会。除此之外，还有周会、年会等。如今，许多开展3A 目标管理的企业以开展周会为主。

或许有人会问：“一周开一次会，是不是有些太频繁了？”事实上，绩效会可以复杂开，也可以简单开。比如，有一家化工企业非常重视绩效管理的过程，而且在环保和市场的双重压力之下，必须严抓绩效过程，才能够确保好的结果。因此，该企业老板要求各部门每周一早晨7 点50 分至8 点30 分召开周会，并形成相关记录，然后汇总至总公司。通过这种方式，该企业取得了非常好的管理成绩，管理者能够做出有效的决策，员工也能够加强自己的执行力和工作能动性。

既然周会是一周一次，那么就可以把周会当作一次短暂的交流分析会和鼓励动员会。有一位企业管理专家说：“周会通常控制在一个小时之内，采取员工状态和项目内容信息同步的方式。会议主要以总结讨论为主，总结上一周的绩效工作成绩，衡量绩效工作进度，简单分析绩效工作中存在的问题，然后提出改进意见，并对改进意见进行讨论，最后形成方案。”因此，周会不但不占用工作时间，而且能够有效促进绩效管理与绩效执行。那么周会应该如何去开呢？

首先，管理者应该设定周会的召开流程，按照流程进行召开，这样可大大提高周会的效率和效果。通常来讲，召开周会可按照以下步骤进行。

第一步，管理者或者会议主持人引出会议内容，并简单总结上一周的绩效工作的进度和完成情况。

第二步，员工发言。对于企业的小部门而言，部门员工人数不多，可以采取轮流发言的方式。比如，某公司部门拥有 10 名员工，每一名员工用一分钟的时间简单陈述上一周的业绩和出现的相关问题。

第三步，管理者对上一周的绩效成绩、排名等做出评价，针对相关问题制订出问题讨论模式。

第四步，延续第三步的工作，对出现的相关问题进行讨论总结，并形成初步方案。管理者对方案进行最终定夺，并将本周的绩效任务进行分配、安排，落实到每一个人头上，其中包括完成的工作量、相关标准和注意事项。

第五步，自由交流或者经验分享。

第六步，管理者对员工进行鼓励和促动，让员工保持较好的工作精神面貌进入本周的工作阶段。

如果管理者能够按照以上六步召开周会，通常能够完成召开周会的任务工作。但是想要提升周会的召开质量，还需要在中控过程中采取一些技巧。

其次，周会与总结大会和誓师大会都不同，它非常简单，但是必须突出功能。周会的功能就是提升绩效管理的中控力度，提升绩效执行力。另外，周会还是一种“互动会”，只有双方积极互动，才能够提升绩效周会的效果。因此，周会的召开技巧主要体现在以下几个互动方面。

（1）主题讨论。虽然周会的呈现时间很短，但是依旧需要一个明确的主题，并对主题进行讨论。有一位企业管理者说：“主题讨论是始终互动讨论的方式，管理者与员工共同参与。管理者拟定讨论题目，员工进行讨论。可以进行分组讨论，还可以采取头脑风暴式的讨论等。”还有一些管理者采用角色扮演式的讨论方法，能够提升主题讨论的层次和质感，提高员工的讨论热情和参与度。

（2）PPT 课件演示。许多年轻的企业，或者能够与技术相结合的企业，通常会采用一些多媒体工具辅助周会的召开。比如，江苏有一家公司，该公司的周会，以 PPT 课件的形式进行展示。会议中，不仅有清晰的图片、故事、案例等形式向员工呈现，还有视频和音乐，能够营造出良好的会议氛围。这样的周会，不仅轻松，而且能够清晰地向员工展示会议内容和相关问题事项。

（3）拒绝唱“独角戏”。现实中，有一些管理者特别善于表达，甚至能够把周会变成“一言堂”。事实上，这种“独角戏”的会议方式令与会人员反感。管理者应该把发言的机会让出来，让所有参加会议的员工进行发言。在会议中，管理者只需要起到组织引导总结作用即可，不需要一个人充当周会的主角。如果出现了突发事件，管理者还需要积极应对突发事件，减少事件对会议的影响。

周会与月会、季会、年会没有什么不同，只是目标更单一，功能更突出。只要管理者能够做好周会前的准备、会中的控制、会后的跟踪等工作，就能够开好周会，体现周会的价值。

五、“质询会”的管控技巧

如今，还有一些企业使用“质询会”对绩效管理的中控部分进行分析和把控。什么是“质询会”呢？从表面字义去解释，质询会就是质疑和询问。这种会议由企业管理者直接负责，然后对接受考核的部门领导和员工进行绩效跟踪和计划检查。通常而言，管理者会在质询会上要求被考核者进行相关的工作汇报，然后再将自己的未来计划告知被考核者，而这种“告知”将以质疑和询问的方式进行。提到质询会，人们会联想到4R 管理工具。4R 管理工具是一套成熟的、可以套用的管理工具，能够在3A 目标管理体系下进行使用。

1. 企业管理者应该了解与质询会相关的4R 管理工具

什么是4R 工具呢？4R 工具的前身是3R 工具，后来被运用到营销领域里，提出者是美国人唐·舒尔茨。4R 分别是 Relevance（关联）、Reaction（反应）、Relationship（关系）、Reward（回报）。4R 也是一种以目标为导向的管理工具，它能够让管理者或者企业组织与内部员工和外部客户建立起关系桥梁，从而实现双赢和互动。在绩效管理体系中，Relevance（关联）特指绩效管理的目标和结果，Reaction（反应）特指被质询的人的各项承诺是否责任到位，Relationship（关系）则是具体的质询过程，Reward（回报）在绩效管理过程中的具体体现是奖罚结果。

有人问：“质询会是不是一种强制他人进行汇报的工作会议呢？”事实上，质询会并不是强制性的，而是建立在相互承诺的基础上的。如果一个企业想要组织并实施质询会，需要提前与被质询者进行沟通，在协商一致的情况下，质询会才具备开展的意义。

2. 质询会期间，管理者都需要问些什么

质询会的提问问题是决定质询会是否有效的关键所在，也是管理者主持并召开质询会的技巧之一。通常来讲，管理者需要在以下五个方面进行质询。

（1）问清原因。管理者长期居于管理层，对执行操作面上的事情不太熟悉。当他看到阶段性的绩效结果时，就会产生许多疑问。对于那些关于绩效结果的问题，管理者需要问清原因。只有问清具体的原因，才

能找到问题的根源和与之相对应的解决办法。

（2）要求提供证据。管理者看到相关结果和过程进度时，也会产生许多质疑，比如，对绩效数据结果等的真实性产生疑问。故此，管理者就会要求被质询者提供证据和依据，以此打消自己的疑虑。

（3）对部门协调方面的提问。现实中，绩效不力可能是岗位与岗位、部门与部门之间出现的“衔接”问题。因此，管理者需要借助提问的方式了解各部门之间的关系状态，并进行统一的协调和安排，形成“承诺机制”。

（4）针对措施方面的提问。还有一些管理者布置了任务，并进行了措施安排，但是执行人是否按照相关方式去执行呢？在质询会上，管理者需要向被质询者发出提问，让质询者回答。如果质询者也存在相关疑问，管理者还可以向质询者进行解释，并提供相关资源。

（5）针对绩效结果。质询会的主要目的在于“结果”，管理者也需要针对阶段性的结果进行绩效评价，制订出阶段性的奖罚措施，并及时给予奖罚。

3. 管理者如何进一步提升质询会的效果

质询会与周会、月会、年会都不同，而“质询”的过程也要体现质询的目的和功效，管理者可在以下几个方面留意。

（1）质询会的时间。质询会就是质疑与询问，这就需要管理者在召开质询会之前，提前将提的问题和质疑的选项落实到位。通常来讲，质询会的时间应控制在 10～15 分钟为宜。

（2）质询会应长期坚持。还有一些企业管理者发现，质询会效果不佳，或者质询会令员工产生不适，便取消了质询会，那么质询会将永远不会起到作用。管理者想要发挥质询会的效果，就需要长期坚持，并形成一种质询习惯。与此同时，企业管理者还应该在 3A 目标管理体系下推动“质询文化”，让员工们主动参与质询，配合质询，形成质询意识。只有这样，质询会才能够在企业中发挥作用。

（3）质询会要确定改善措施。质询会不是走过场，而是为了改进并优化绩效管理过程。如果企业管理者发现问题，就需要制订解决问题的方案，并形成措施，将其纳入下一个阶段的实施环节中。与此同时，企业管理者还需要与员工达成目标共识，约定下个阶段的完成目标并落实相关责任。

质询会是一种简单易于掌握的会议方式，企业管理者可以借助质询会去了解、分析、检查企业的绩效执行情况，并以此制订方案，解决绩效执行中存在的问题，提升绩效执行效率。

六、“绩效会”效率低的六大因素

许多企业管理者反映：“为什么我们的绩效会起不到良好的效果呢？我们同样坚持绩效会的流程，也能够形成一种制度，却无法起到辅助绩效管理的作用。”现实中，许多企业都遇到了这样的问题。导致绩效失效或者效率低的因素有很多，因此我们要逐一分析，并找出企业存在的问题项。通常来讲，绩效会效率低的因素有以下六个。

1. 选择的开会时间存在问题

通常来讲，绩效会的召开时间，往往以绩效晨会和绩效夕会为主。也就是说，选择刚刚上班或者临近下班的时间。如果以早晨八点上班为例，绩效晨会通常为早晨八点至九点召开。如果以下午六点下班为例，绩效夕会通常为下午五点至六点召开。现实中，却有一些企业选择其他时间召开绩效会。比如，有一家公司选择临近中午下班的时间召开绩效会，此时绝大多数的员工早已经饥肠辘辘，没有心情参与绩效会。还有一些企业随机选择时间进行召开，这也导致许多员工无法以正常的状态投入绩效会中，造成绩效会失效。

2. 选择的开会对象存在问题

绩效管理是一项非常有针对性的管理方式，绩效会也是如此。参与绩效会的主要有两部分人：一部分是管理者，另一部分是接受绩效考核的员工。比如，有一个企业召开绩效会，参与绩效考核的部门为经营部门，一共有65人参与绩效考核，因此这65人为参加绩效会的开会对象。如果开会对象没有到齐，或者有众多的非开会对象参与，就会影响绩效会的开会效果。比如，有一家企业召开绩效会，因为考核对象多半出差，于是有大量非考核的“替补队员”参与绩效会，因而起不到绩效会的效果。

3. 选择的主持人不达标

如果绩效会并不是由管理者直接主持，而是选择主持人去主持，那么由于绩效会的主持工作是一项非常考究的工作，需要谨慎选择主持人。能够胜任绩效会主持工作的主持人要具备以下几个特点：形象好，有气质，拥有一定的企业影响力；语言能力强，逻辑缜密，表达流畅，吐字清晰，拥有一定的总结陈述能力；能够掌握足够的控场技术，能够控制会议中各类突发事件；能够领会会议主题，主持会议时不偏题，不跑题。如果一名主持人无法做到以上几项，也就无法胜任绩效会主持人的角色。如果一个企业选错了主持人，也会造成相应的问题。

4. 参加会议的发言人的水平不足

通常来讲，绩效会都有发言人。除了管理者和主持人之外，参与绩效会的员工也会发言。在不需要“人人发言”的情况下，各部门需要选择一个语言表达能力强、领悟能力强的人代表发言。现实中，有一些企业员工语言表达能力差，甚至不善于发言。如果在绩效会上强行发言，将会给他人带来不愉快的心情。另外，还有一些与会人员不重视绩效会，在没有会议纪律的约束的情况下，经常打着幌子提前退离会场，也会影响会议的召开质量。

5. 会议的准备工作不到位

还有一些管理者采取一种比较随意的方式去召开绩效会，甚至有一些管理者喜欢即兴发挥，会议开到哪儿算哪儿。其实，这样随意的方式会影响绩效会的质量和效率。一名管理者和组织者想要开好绩效会，需要在绩效会召开之前进行准备。有一位管理者说："绩效会每周一次，每次45 分钟。虽然时间很短，但是要在45 分钟内把需要呈现的内容完全呈现出来，是非常困难的。因此，管理者需要提前准备会议内容，不打无准备之仗。"只有这样，绩效会才能够保质保量地进行。

6. 绩效会的相关纪律不明确

大多数企业，对待企业内的大型会议，比如总结大会、表彰大会、年会等，都有着较高的纪律要求，并明文规定与会人员不得喧哗、不得交头接耳、不得中途离场、不得从事与会议无关的事情。但是许多绩效会、周会等会议，往往由企业各部门直接召开，并没有相关的绩效会的纪律规定，因而无法约束与会人员的行为。因此，企业想要提升绩效会的质量，也要设置与绩效会相关的规章制度和组织纪律，约束与会人员的行为。

想要召开高效的绩效会并不难，企业管理者只需要提前准备、提前约定纪律事项，选准开会时间和开会地点，选择一名口才形象俱佳的主持人，按照既定的目标方向去执行，就能够提高绩效会的质量和效率。

第十一章　绩效差距与常见的管控接口

一、绩效差距的五大根源

一个企业员工众多，有的员工领悟能力强一点，勤快一点；有的员工则领悟速度较慢，能动性较差，即使在绩效考核的促动下，也会存在绩效差距。对于管理者而言，想尽办法缩小员工之间的绩效差距是一项重要课题。有一位企业管理者说："绩效差距是客观存在的，甚至无法将这种差距彻底抹平，因为人人皆不同。缩小绩效差距，就意味着让排名靠后的员工往前赶，发挥出自己的能量，提升自己的绩效。"换句话说，若排名靠后的低绩效者提高了绩效，不仅会缩小绩效差距，而且会提升企业的总体绩效。

如何才能缩小绩效差距呢？管理者应该从根源入手，找到绩效差距的原因，这样就能够帮助低绩效者迎头赶上。通常来讲，绩效差距有五大根源。

1. 环境与资源

许多时候，绩效差距并不是人与人之间的差别造成的，而是所获取的资源和所处的环境不同而造成的。比如，有一家贸易公司，两名外贸业务人员分别跑两个不同国家的产品市场，一个负责德国，另一个负责希腊。这几年，德国经济一直较为稳定，能够给该贸易公司带来稳定的订单销量。希腊遭遇欧债危机之后，订单锐减。因此，市场环境的差异让两名营销人员绩效的差距较大。因此，该公司老板只能适度调整绩效指标，平衡内部关系。

另外，有一些员工能够获得更好的资源支持。众所周知，资源意味着财富和效益。谁拥有更多的资源，谁就可能获得更高的绩效。在此情况下，管理者还应该平衡资源，让每一名员工或部门都享受到平等或者等量相同的资源。

2. 薪资与激励

有一些企业制订一种“弹性”薪资，这种“弹性”的薪资体系能够体现出一个人的绩效，即绩效高的员工收入高，绩效低的员工收入低，以此获得的激励和晋升机会也存在较大差异。但是还有一些企业仍旧采取一种弹性较差的薪资体系，员工收入差距不大，绩效对薪资的影响有限。在这种情况下，有些员工工作积极，有些员工就会失去工作的动力。有一些企业员工对这种“大锅饭”式的薪资提出自己的看法：“‘大锅饭’是一种扼杀员工积极性的薪资体系。”如果员工没有了工作积极性，不仅无法提升绩效，还会拉低绩效。管理者应该选择一种“弹性＋激励”的薪资体系，激发低绩效的员工提升绩效。

3. 知识与技能

知识决定生产力，技能决定劳效。一个企业，并非所有的员工都拥有相同的学历、相同的知识能力和技术能力，员工之间知识存在差距，技能存在差别，所展示出的绩效成绩也有差别。如今，有一些企业管理者发现了这样的问题，并且建立了与绩效管理相关的人才发展战略，对知识水平较低、技能水平不达标的员工进行组织辅导和相关培训，通过培训、辅导等方式提升这一部分员工的知识水平和技能水平。员工的知识水平与技能水平得到了提高，绩效也会跟着提高。

4. 工作动机

什么是工作动机呢？比如，一些人从事工作就是为了获取更高的收入和职业资源；还有一些人从事工作是为了实现自己的人生价值。每一个人都有自己的工作动机，工作动机不同，所展示出的状态和绩效也有区别。对于管理者而言，他们需要做的一件事是：想尽办法让员工的工作动机与企业的发展目标相匹配。另外，企业要重视并留下归属感较强的员工。员工的归属感和认同感与个人的工作能动性有密切的关系。如今，有一些员工工作只是为了“跳槽”，无法在一家企业停留很长时间。对于企业而言，制订科学的与员工动机相匹配的人才战略是非常有必要的。

5. 工作辅助

每一名员工是否都能够获得公司的支持和辅助呢？比如，有两名员工，其中一名拿到了授权书，并且获得了公司的相关支持和指导，能顺利地开展工作，并顺利实现工作绩效；另一名员工在相同的工作环境下没有得到授权，也没有获得有效的指导和辅助，也就难以开展工作。对于这种现象，有一位企业管理者的解释是：“许多管理者和部门领导依旧存在主观用人倾向，偏爱用‘自己’的人，因此造成这样的绩效差距。”一个企业想要缩小员工之间的绩效差距，就需要采取一视同仁的态度，为每一名员工提供相同的支持和辅导，并给予相同的鼓励。

除了以上五点之外，员工的个人能力和智力水平也是造成绩效差距的原因。但是“智力因素”属于后天难以改变的因素，故被排除在外。

二、绩效与奖罚制度对接

有人说："绩效管理只有与奖罚制度结合在一起，才能起作用。"还有人说："没有奖罚制度，也就无法督促员工工作。"现实中，绝大多数的企业管理者都倾向于"绩效与奖罚"相结合的模式。3A 目标管理也是如此，它同样是一种绩效与奖罚结合的管理方式，明确奖罚制度的细节，让奖罚更加公平、合理、科学，让接受奖罚的员工信服。如何才能让绩效与奖罚进行有效结合呢？或者说，我们如何才能根据 3A 目标管理体系设计出一套奖罚制度呢？

首先，管理者要约定奖罚的范畴。

通常来讲，凡是参与绩效管理过程的全部工作人员，都属于奖罚制度的约定范畴。比如，有一家企业有五个部门参与绩效考核，五个部门里凡是拥有绩效考核任务的干部和员工都属于奖罚制度覆盖的范围；没有参与绩效考核任务的其他辅助岗位的员工则不属于该制度的管理覆盖人员。

其次，管理者要制订出奖励方式。

每一家企业都会根据自己的企业文化和经营管理理念制订奖励方式，并无统一的奖励方式。在这里，我们选取某公司制订的奖励方式作为案例，给广大读者和企业管理者提供一个参考。

（1）该公司根据接受考核的部门的绩效工作进度，选出绩效成绩优秀的员工进行表扬，并将奖励信息以企业报和 OA 文件等形式进行公布。

（2）该公司在阶段性的绩效任务结束后，选出绩效成绩最优秀的员工进行财务方面的奖励（主要是绩效奖金），并颁发奖励证书。

（3）该公司在年底选出绩效成绩优异的团队和个人，进行突出贡献奖的奖励，奖励方式为绩效奖金、证书和相关的企业福利（晋升指标）等。

（4）如果参与绩效考核的员工或部门在创新方面取得突出成就，且能够给公司创造巨大效益，便要对其进行额外部分的奖励，奖励方式为奖金、企业福利和晋升指标等。

再次，管理者要制订出处罚方式。

对于业绩不达标或者违反规定者，企业需要对他们进行相应的处罚。在这里，我们还是选取了某公司的处罚方式为案例，给广大读者和企业管理者提供一个参考。

（1）该公司首先设定考勤处罚条例，条例中规定：每个月考勤分数较低者，将给予通报批评的处罚，并计分。得到两次通报批评者，将记过一次，并停发年终绩效奖金；得到三次或三次以上通报批评者，将进入“停薪考察”阶段。如果考察期间表现良好，将取消记过处分，恢复薪水和工作；如果考察期间表现不好，则由相关部门进行处理，或者对该员工进行劝退。

（2）该公司针对消极怠工的员工设定了处罚条例。消极怠工的主要表现为工作不积极、执行力差、不按照公司规定行事，有缺勤、旷工等现象。该条例以责任人投票制进行投票，其中员工一票，部门管理者一票，监督部门负责人一票，考核负责人一票。票数多者，将会根据实际情况以通报批评、记过处分、停薪考察、劝退除名等方式进行处罚。

（3）该公司针对有悖于公司文化行为的员工设定了处罚条例。有悖于公司文化的行为主要有以下几种：损害企业形象、损公肥私、破坏团结、组织并攻击管理层等。公司也将会根据实际情况以通报批评、记过处分、停薪考察、劝退除名等方式进行处罚。

最后，管理者还要制订出奖罚纪律。

现实中，许多企业管理者或者负责绩效考核的部门干部并不是依照相关的奖罚措施去奖罚，而是凭借自己的主观意志和个人喜好去奖罚，而这样的缺乏纪律的奖罚是不合理、不公平、不科学的。所以，企业还要制订出奖罚纪律。比如，某公司制订的奖罚纪律如下。

（1）负责考评并进行奖励的部门和部门相关责任人员应该坚持公平、公正、公开、透明的考核和奖励，如有违反者，将根据实际情况以通报批评、记过处分、降职计分等方式进行处罚。

（2）负责考评并进行奖励的部门和部门相关责任人员要认真组织考评，绝不能敷衍了事。凡是在考评过程中消极敷衍者，将根据实际情况以通报批评、记过处分、降职计分等方式进行处罚，并扣罚当月绩效奖金。

（3）负责考评并进行奖励的部门和部门相关责任人员要在规定的时间内完成相关考核及奖罚的具体工作。

（4）如果在考核或者奖励过程中，负责考评并进行奖励的部门和部门相关责任人员存在弄虚作假、公报私仇等行为，将根据实际情况以通报批评、记过处分、降职计分等方式进行处罚。

如果一个企业能够按照以上四个方面进行设定，就能够设定出3A目标管理的奖罚制度，继而提升企业的绩效管理力度。

三、绩效与年终奖金对接

绩效是否要与年终奖金挂钩呢？笔者认为，十分有必要。绩效体现了一个人的价值，而个人价值的体现通常分为物质价值体现与精神价值体现。

物质价值，即有形的物质奖励。比如，企业向优秀员工发放的绩效奖金、企业福利等。精神价值，即无形的精神奖励。比如，企业对优秀员工进行的精神嘉奖、职务晋升奖励等。总之，企业嘉奖高绩效的员工是非常有必要的。这种做法，既能够让高绩效的员工获得应有的回报，还能够激励低绩效的员工迎头赶上，缩小个人之间的绩效差距。

安徽有一家茶企业，企业老板老谢是一个非常重视绩效管理的人，引入了3A目标管理体系对企业进行深化改革。众所周知，茶叶是一种健康保健食品，食品的卫生检疫要求是非常高的。因此，这家企业的企业文化是“品质是企业的生命线”。与此同时，该企业还非常重视产品的市场营销，营销决定企业的成长速度。故此，老谢在生产与销售两个环节进行了绩效管理。

生产方面，企业将现场环境、生产产量、生产质量、操作方式、组织纪律纳入考核范畴，并制订考核积分制。以总分100分为例，超过80分为优秀，70～80分为一般，60～70分为合格，60分以下为不合格。绩效积分直接与绩效奖金挂钩，其中80分以上（包含80分）的员工绩效奖金为100%发放，70～80分的发绩效奖金的70%，60～70分的发放绩效奖金的50%，低于60分的不发放绩效奖金。如果每月绩效奖金核定金额为2000元，员工的收入差距将会集中体现出来。

销售方面，企业将销售数量、销售价格、售后服务、客户满意度、品牌推广等纳入考核范畴，并制订考核积分制，其绩效奖金的发放与生产绩效奖金的发放如出一辙。除此之外，销售方面和生产方面都设立了“超额奖”，即超过绩效目标的部分将以利润折现的百分比进行奖励，真正体现多劳多得。

老谢认为：“绩效并不是一种机械的考核方式，而是一种能够唤醒员工自身价值的考核方式。3A目标管理是一种‘过程＋考核＋改善’的管理模式，它不仅重视过程，同样也重视‘结果奖励’，绩效与奖金相结合，才能够体现绩效管理的意义。”

既然绩效需要与奖金进行挂钩，我们如何才能够让绩效与奖金进行有效结合呢？企业管理者可以参照以下方式。

第一步，对绩效进行评分。绩效虽然是一个可量化的概念，但是量化的数值却依旧无法为奖金的发放提供依据。因此，企业相关部门需要对员工的绩效进行评分，评分必须在全程的监督下公平、公开、公正地进行。

第二步，企业按照阶段进行评分，比如，一个企业可以每月评分一次，一个季度评分一次，半年评分一次，年底评分一次，这样就能够形成月评分、季评分、半年评分、年终评分。该评分直接与月绩效奖金、季绩效奖金、年终奖金挂钩。当下多数企业采取的是月奖和年奖。比如，江苏的一家企业，员工的月绩效奖金为2400元定额，年终奖金为5个月的月绩效奖金，即12000元。换句话说，如果一名员工能够完成12个月的月绩效任务，并圆满完成年绩效任务，将会得到40800元的总绩效奖金。

第三步，约定不参与绩效考核和绩效奖金发放范畴的员工。江苏的一家企业是这样约定的：①员工中途离职，不再参与年终绩效奖金的发放；②员工因故被公司处分、停薪者，不再参与年终绩效奖金的发放；③员工因病住院（包含病假）超过30天者，不再参与年终绩效奖金的发放；④员工考勤不合格者，将不再参与年终绩效奖金的发放。总之，员工想要拿到绩效奖金并不容易，不但要完成绩效任务，而且要将自己的工作行为约定在企业绩效管理制度之内。

第四步，制订奖罚架构。奖罚的架构就是具体的企业奖罚的细节，也是企业发放月绩效奖金和年终绩效奖金的依据。比如，江苏的一家企业制订的奖罚架构包括四个方面：①奖罚项目包括奖励（大奖、小奖）和处罚（批评、记过、停薪、解雇）；②奖励方法包含三个，全年三次小奖合一次大奖，全年三次批评合一次记过（以此类推），相同的一次奖励与一次处罚可以抵消；③设定具体的评分项目，比如小奖加3分，大奖加9分，批评扣3分，记过扣9分，最后以年底评分再进行年终奖金的发放，个别企业还会将平时的工作行为、工作态度、组织纪律等综合表现纳入最后的终极评分和年终奖的发放；④制订具体的奖励办法或处罚办法，该部分因文章篇幅有限，不再赘述。

如果一个企业能够坚持上述的方式方法进行奖金设定，也就能够将绩效与奖金有机结合在一起，形成“绩效—奖金”管理体系。

四、绩效与职位晋升对接

企业想要留住人才，就需要给员工搭建晋升通道。过去，企业老板选人，完全按照个人的喜好。比如，某公司老板觉得A员工比B员工好，于是提拔A员工。这位老板给出的理由是：“个人感觉，A员工更适合这个新岗位。”事实上，传统的人才选拔和职位晋升无法脱离主观意识，这种选拔人才的方式并不科学，许多有才之士或者业绩突出者并没有得到重用，因此伤了他们的心。另外，这种传统的选人观并不能够服众，因此也会引发许多管理问题。于是，一种新型的用人观出现了。如果一个企业能够将绩效与职位晋升对接在一起，就能体现出科学、公平选人的意义和价值。

江苏有一家企业一直采取3A目标管理，并以此为基础，搭建新人才平台。其中有一个重要的管理项目，就是将绩效与职位晋升进行结合，打造“新绩效晋升平台”。企业老板认为：“当今时代，人人都需要靠本事吃饭。谁的本事大，谁就能够得到更多的资源。”员工的“本事”如何体现呢？有人说：“谁的学历高，谁的本事就大。”还有人说：“谁的技术高，谁的本事就大。”本事与学历并无直接关系，学历只能够代表一种“学习经历”。技术呢？技术好虽然是一种本事，但只有将技术转化为绩效，才是一种真本事。换句话说，谁的真本事大，谁就能够得到更多。在3A目标管理体系中，本事可以量化。事实上，绩效就代表着一种“本事”。谁的绩效好，谁的本事就大；谁的绩效差，谁的本事就小。绩效不仅是一种本领的体现，更是一种贡献值的体现。这位企业老板说："选拔干部应该按照贡献值进行，谁的贡献多，谁就优先获得晋升。"这种方式，也将一批"只有苦劳没有功劳"的人拒之门外。

上述案例中，这家企业是如何设计职业晋升的呢？

首先，明确晋升的条件。

晋升条件并非"盲目"按照绩效成绩进行选拔，还有其他的相关条件进行约束，而该企业设定的条件有四项。

（1）在本公司工作年满三年者。为什么要设定这样一个条件呢？管理者给出的解释是："凡是能够在公司工作超过三年的员工，几乎能够适应公司的环境和自身的工作岗位，并逐渐形成了一种归属感，才能够长期在公司进行工作。"

（2）近一年工作绩效符合要求者。这一项就与绩效挂钩了，也就是说，合格的绩效成绩是职位晋升的基础条件。

（3）连续两年绩效考评为 A 者优先。也就是说，公司选择人才的范围，瞄准了绩效优秀的员工，而优先选择绩效评定为 A 者，将会淘汰掉绩效为 B 和绩效为 C 的员工。

（4）其他情况表现优良，或有重大突出贡献者单独提案。企业管理者对此的解释是："人才选拔还是需要从一个人的多角度去分析，比如一个人的品德、职业素养、团队精神、奉献精神、攻坚克难的意志等。"

当以上四项均能够达标，符合条件的员工将进入选拔阶段，不符合条件的员工只能够通过后期努力获得晋升资格。

其次，设定晋升流程。

经过绩效管理部门与员工所在的部门进行的协商，就能够确定具备晋升条件的人员名单，名单确定之后，可以按照以下流程进行。

（1）部门主管提报，交人力资源部门进行审核。如今，许多企业内的人力资源部门也是绩效考核部门，人力资源部门联合绩效部门对报审的人员名单进行公开、透明、公正的审查，并最终确定符合晋升条件的候选名单。

（2）人力资源部门签署核查意见，并形成文件上报给总经理或者董事长进行决策签署。有人问，如果人力资源部门的人“弄虚作假”怎么办？许多企业会设定监督部门进行监督，或者制订完善的制度进行约束。

（3）总经理或董事长决策签字。晋升选拔人才，虽然仍旧无法完全避免管理者的主观喜好，但是具备提拔条件的员工都已经是相当优秀的员工，管理者无论选择谁，都具有一定的说服力，也能够体现人才选拔的科学性、公平性和严谨性。总经理审批之后，晋升员工的名单也就确定了。

在这样一套晋升体系中，绩效起到了相当大的作用。在四项“选人条件”中，绩效占据了其中两项，即“近一年工作绩效符合要求者”和“连续两年绩效考评为A者优先”这两项。用绩效数据可以衡量出一个人的贡献值、工作能力、职业态度、执行力的稳定性。绩效虽然不能够说明全部的问题，至少能够体现出人才选拔的严谨性和科学性。如果一个企业能够将绩效与职位晋升相结合，也就能够搭建起科学的人才战略。

五、绩效与其他福利对接

企业的薪资常有这样几个组成部分：岗位工资、技能工资、工龄工资、各类补贴、绩效奖金、企业福利、其他浮动等。除了工资和奖金之外，企业福利也是员工非常重视的。比如，有一家企业福利非常好，员工不仅能够享受到年假，而且每年还能享受公司组织的旅游机会，年底还有福利年卡发放。还有一些企业福利待遇就更好了，企业对高贡献、高付出的员工给予“福利房”的奖励。福利可大可小，可多可少，但是不能没有福利。有一些老板为了“节支”，把员工的福利停了，结果，许多员工的工作积极性不如以往，企业的效益也随之下降。因此，企业想要取得发展，需要给予员工相应的福利性补助或奖励。

上海有一家生物制品有限公司采取了“绩效 + 福利”的模式，并取得非常好的管理效果。该公司一位负责人解释：“福利与奖金一样，是员工们用自己的辛苦血汗换来的。因此，我们公司采取的模式就是，谁的贡献多，谁获得的福利就多。”

该公司分为三级福利。第一级福利是基础福利，所谓基础福利，就是员工在没有犯严重的工作错误之下，将获得一份基础福利。该公司制订的基础福利是每年 8 天的年假，中秋节价值 500 元的购物卡，春节价值 2000 元的购物卡。第二级福利是绩效福利，绩效福利是基础福利之外的另一层福利，当员工完成绩效考核任务的时候，绩效福利才会被激活。该公司制订的绩效福利包括年假 15 天（与基础年假不重叠），中秋节价值 2000 元的购物卡，春节价值 5000 元的购物卡，并享受公司组织的红色旅游一次。第三级福利是浮动福利，浮动福利是奖励突出贡献者的，比如，公司的先进工作者将会获得年底 10000 元的购物卡奖励和 5000 元旅游福利补贴，另外对市场销售人员设置的浮动福利还包括 2000 元的加油卡和 3000 元的服装券等。三级不同的福利，能够用绩效评分的方式区分开来。

那么，这三级不同的福利，与绩效都有什么关系呢？

（1）基础福利与绩效。基础福利虽然与绩效成绩没有直接关系，但是却与岗位工作息息相关。如果一名员工工作态度良好，能够按照公司的各项规定去工作，没有出现严重的工作过失，便可获得基础福利。基础福利与岗位工资、技能工资和工龄工资是相对“固定”的，也基本属于员工的固定收入部分。如果员工有严重的工作过失，公司将会按照相关的处罚措施进行处罚，其中包括通报批评、记过处分、停薪检查、解除劳动关系等措施。

（2）绩效福利与绩效。从字面上看，我们就知道该福利与绩效之间的紧密关系。或者说，绩效成绩决定这样的福利待遇。上海这家生物制品有限公司设定的绩效福利，只有 100% 完成绩效考核指标任务的员工，才可以拿到。其中，中秋福利为上半年指标任务，春节福利为全年指标任务。如果一名员工没有完成绩效任务，只能够享受基础福利；如果一名员工完成了绩效任务，就能够享受到春节福利。对于员工而言，基础福利总价值为2500 元，绩效福利总价值超过7500 元。员工们想要得到绩效福利，就需要努力工作，提高自己的执行力和绩效成绩，完成绩效指标。

（3）浮动福利与绩效。浮动福利是建立在绩效指标之上的，属于超出部分。比如，上海这家生物制品有限公司每年将会评出先进工作者 50 名，工作标兵 20 名，突出贡献者 5 名。先进工作者、工作标兵、突出贡献者的评选，首先要达到绩效考核线，超过绩效考核线的员工再进行评选。其中，先进工作者将会获得年底 10000 元的购物卡奖励和 5000 元旅游福利补贴；工作标兵将会获得年底 15000 元的购物卡奖励和 8000 元旅游福利补贴；突出贡献者将会视工作成绩单独嘉奖，比如，该企业有 3 位员工凭借技术创新为企业创造了巨大经济效益，因此获得了企业老板赠送的价值 15 万元的合资汽车一辆。如果其他员工想要获得汽车、房产等更高等级的福利待遇，就需要提升自己的价值，让自己的价值实现最大化，为企业创造高绩效的同时，也为自己创造财富。

福利与绩效的结合同奖金与绩效的结合有相似之处，管理者之所以要这样做，就是为了激发员工的工作积极性和工作绩效，真正实现“高绩效 = 高福利”的企业发展目标。

第十二章　绩效管理法律风险的评估与防范

一、绩效管理存在的法律风险

在企业内采用绩效管理之后，是否就一劳永逸了呢？事实上，绝非如此。如果没有将绩效管理合法运用到企业管理中，就会带来较为严重的后果。

江苏有一家企业从事不锈钢产品的生产与加工，在当地属于纳税大户。后来，这家企业采取绩效管理体系，给每一名生产与营销部门的员工安装上了绩效考核的翅膀，并且采取“倒退硬逼”的管理方式，令许多员工叫苦不迭。后来有一些员工没有完成绩效，就被公司的相关部门进行约谈。

有一位员工反映：“找我们约谈有两个方面原因：一方面是绩效，要求我们提高绩效，必须要完成绩效，完不成也就说明适应不了高强度的岗位工作；另一方面是岗位要求，如果自己觉得无法适应这种高强度工作，就对员工进行‘劝退’。”其中，有70多名员工被“劝退”，这些被“劝退”的员工一起去律师事务所了解“劝退”的合法性。后来律师事务所的律师发现，该企业存在“不合法”的绩效管理行为。

首先，该企业并没有把绩效成绩写入员工的劳动合同中，仅仅以绩效成绩作为解除劳动合同的依据，很显然是无法得到法律支持的。其次，这家企业还存在严重扣罚员工基础工资的问题，存在着严重的薪资法律问题。后来，这家企业吃了官司，并对“劝退的员工”进行赔偿。不合法的绩效管理让这家企业的形象与声望俱损，给企业造成了较大损失。

如今，有一些民营企业的老板总有扭不过来的“弯”，比如，有些老板采取绩效管理的目的是绩效和节支，一方面盲目强调高绩效，另一方面则想方设法对员工收入进行克扣。如果企业管理者仅仅只是把绩效管理当成一种“获利”工具，很有可能会走上管理歧途，触及道德和法律红线。现实中，绩效管理都存在哪些法律风险呢?

1. 不合理的绩效规则

比如，许多企业还在采取“末位淘汰制”这种方式去淘汰“不合格”的员工。许多企业将绩效考核与末位淘汰制建立起关联，绩效不合格者将进入末位淘汰名单。事实上，末位淘汰制与我国现行的劳动法律法规存在冲突。也就是说，采取绩效式的末位淘汰制本身就是不合法的。还有一些企业对待即将离职的员工不再发放绩效工资和绩效奖金。事实上，劳动者付出劳动就需要获得受到法律保护的工资和收入。如果员工在离职之前能够按时完成岗位工作，企业不得以其他不合理的理由拒发员工的绩效工资。还有一些企业更加过分，直接与绩效不合格者解除劳动关系，或者直接开除员工。以上三种行为，均属于违法行为，企业要避免不合理的绩效规则。

2. 不合理的管理程序

当今时代是一个公平、民主、和谐的时代，而不断健全的法律体系也是用来保护并创造和谐的环境。许多企业制订民主式的管理程序，并要求员工集体共同参与制订。其中，国有企业所起草的规章制度和管理程序必须要经过职工代表大会的审核同意后，才能生效；民营企业也要履行与工会或职工代表进行平等协商的义务并形成民主的管理程序。现实中，许多企业老板并没有这样做，而是采取一种“不协商”的方式进行管理，也没有按照规范的制度去执行。员工无法从中获得权利，因此无法保护自己的切身利益，企业的这种不合理的管理程序也会带来法律风险。

3. 绩效结果的应用

现实中，绩效结果的应用是产生争议最多的地方，也是最容易触及法律红线的地方。不公平的绩效评价、不合理的奖励与处罚，都有可能带来较为严重的问题。比如，有一家企业对没有达标的员工进行相关处罚，处罚的方式是扣罚年终奖金（固定）和年终福利。但是这些行为都已经触犯了劳动法，并且极大损害了员工的利益。还有一些企业借助绩效结果给不达标的员工“降薪”。比如，某企业将绩效与技能工资捆绑在一起，凡是绩效结果不达标者，该企业将会降低员工的技能工资，而这样的行为同样是不合法的。

除了以上三项之外，还有一些企业管理者在绩效面谈方面采取一种不尊重人或者批评式的沟通语气，伤害员工的内心。更有一些绩效负责人会采取“非法”手段对员工进行惩处。不管如何，这些方式不仅不文明，而且也是不合法的。如果一个企业想要让绩效管理在企业内发挥作用，就需要远离“不合法”的操作项目，尊重员工，重视员工的劳动成果，把员工当作企业发展的重要组成部分。只有这样，企业才能茁壮成长。

二、绩效管理法律风险的评估

有一位企业管理者说：“企业管理必须是合法的管理，只有在合法的情况下，一切才能够维持正常运转。”3A 目标管理是一种管理方法，能够帮助企业搭建管理体系。想要让 3A 目标管理在一个企业内发挥作用，就需要提前做法律风险评估，排除“违法”隐患。企业管理者应该如何进行法律风险评估呢？是否需要外聘法律顾问呢？

如今，许多企业都有外聘的法务团队，或者拥有自己的法务团队。对于这些企业而言，在专业人士的指导下，能够规避法律风险，让绩效管理得到合法运行。还有一些公司因为公司规模等原因，可能还没有自己的法律顾问团队，因此需要掌握相关的法律风险评估方法。现实中，有一些企业吃了“法律官司”之后，才开始重视法律问题。对于这些吃过“法律官司”的企业而言，管理者需要从“自身案例”出发，然后进行深入的法律风险分析，确定法律风险源，制订出翔实的法律风险清单和相关的改进方案，最后优化管理。对于那些暂时没有吃到法律官司的企业，管理者可以借助经典案例进行分析，并结合自身需求进行查找分析，逐一梳理管理中存在的法律风险。不过笔者建议，一个企业想要彻底排除绩效管理存在的法律风险，仍旧需要法律专业人士的参与，让企业管理人员与法务人员进行配合，形成体系。另外，绩效管理的法律风险的排查是一项长期的工作，需要设专人专岗进行监督。

通常来讲，法律风险评估体系主要涉及八个项目，即合同、知识产权、人力资源、重大项目、风险预警、风险救济、法律培训和法律风险评估。以上八个项目几乎覆盖了绩效管理的方方面面，具体做法如下。

（1）合同。企业经营离不开各种合同，企业与员工之间有劳动合同，企业与客户之间有各种各样的合作合同。企业管理者需要排除合同中存在的法律隐患，有效防止合同引发的法律纠纷，从而规避法律风险。

（2）知识产权。如今，人们越来越重视知识产权。换句话说，知识产权就代表着一种财富。有人问：“知识产权与绩效有何关系？”如果一个企业能够有效保护自己的知识产权，将会最大限度地保护自身利益。

另外，企业还要防止盗用其他公司或者专利拥有者的专利，只有在合法得到授权之后，才能进行生产，否则将会引发知识产权纠纷。

（3）人力资源。人力资源是一个非常庞大的概念。在企业里，只要牵扯到“人”，多多少少都与人力资源有关。前面我们讲到“绩效除名”的案例，这个案例就是一个违法案例。企业管理者和法务人员应该找到人力资源中所有与“人”相关的法律漏洞，并提高人力资源管理的合法性。

（4）重大项目。许多企业都有自己的重大项目，并且这些企业往往将3A管理或其他方式的绩效管理运用到重大项目的建设中。因此，企业管理者应该为重大项目专门设置法务部门，或者聘请专业人员对重大项目进行管控排查，形成完整的法律评估报告，并定时更新。

（5）风险预警。法律风险预警是一套体系，这套体系包括法律风险识别、法律计划管理、法律风险定性分析、法律风险定量分析等。另外，风险是一种“不确定”的管理因素。在绩效管理体系中，“不确定”的因素有很多。企业在搭建法律风险预警系统时还要对绩效管理体系中的不确定因素进行全面梳理。

（6）风险救济。法律风险救济，就是针对绩效管理中已发生的违法事件进行救济和补偿。比如，有一家企业因违规操作被其他企业告上法庭，并判定违法。这家企业采取了赔偿等措施，最大限度地减少了企业形象方面的损失。与此同时，风险救济与风险预警呈现出相互辅助的关系。

（7）法律培训。有人会问：“法律培训与法律评估有什么关系呢?”如果一家企业能够做好法律培训工作，将会拥有足够数量的法律专业人才，在进行法律漏洞排查方面起到重要作用。还有一些企业，通过培养法律人才，建立健全法律评估体系。

（8）法律风险评估。许多企业都有自己的法律风险评估报告书，法律风险评估报告书主要包含六个方面，即法律风险评估目的、法律风险评估范围、法律风险评估依据、法律风险评估方式、法律风险评估人员评价、意见修订。制订法律风险评估报告的目的在于定期给企业内部进行法律风险评估，并方便企业的整理与存档。

企业绩效管理的法律风险评估工作是一项专业性较强的工作，同样也是一项非常烦琐的工作。企业管理者想要排除经营管理中存在的法律隐患，还需要克服困难，制订出科学、完整的企业绩效法律风险评估体系。

三、绩效管理法律风险的防范

有一个词叫“防患未然”。如果一个企业能够做好法律风险的防范，也就能够顺利开展并实施绩效管理。

国内许多保险公司都有自己的法务系统。法务系统的职责，就是预防各类法律风险。有一位保险公司的法务说：“触犯法律所带来的后果是非常严重的。触犯法律如同点火一般，所造成的火势是完全不可控的。”许多违规操作，或者一些不合法、不合规的管理，最终给自己带来了“灭顶之灾”。为了提高企业的法律风险的防范质量，前通用公司 CEO 杰克·韦尔奇曾经把法律防范纳入绩效考核范畴中。那么一个企业该如何制订有效的法律风险防范措施呢？

首先，要完善法律法规风控体系。

企业重视法律风险，就会想尽一切办法建立一个体系，而这个体系就是法律风控体系。想要健全体系，企业要单独设立法律风控部门，并且制订相关的执行计划和控制方案，并形成科学流程。与此同时，企业还要进行专岗专责的设立，并聘任有经验的法务人员主持工作。通常来讲，法律风控部门的工作包括决策风控的评估与管理、管理风控的评估与管理、绩效风控的评估与管理、合同风控的评估与管理、专利风控的评估与管理等。另外，该部门还要建立法律顾问制度，建立法律补救体系，采用一种“事前防范，事中控制，事后补救”的模式，完善企业的法律风控体系。

其次，要提高企业管理者的风控意识。

如果企业管理者与企业各部门的负责人能够培养出风控意识，也将最大限度地降低绩效管理过程中存在的法律风险。如何才能够提高大家的法律意识呢？最简单直接的办法就是进行法律方面的培训，培训可由外聘团队进行，通过培训的方式让企业管理层和核心岗位人员知法、懂法、用法。另外，企业还要建设“法律文化”环境，强化员工对法律知识的学习，大力支持并配合法务人员的工作。如果企业管理者和核心人员能够养成法律意识和风控意识，将会大大降低触犯法律的可能性。

最后，完善企业的法律风险管理制度。

前面我们讲到体系，体系与制度并不是一回事。通常来讲，制度置于体系之内，相当于体系的心脏，体系往往要围绕着制度去建设、布置和完善。如果一个企业能够落实并完善法律风险的管理制度，将会提升风控体系的质量。通常来讲，法律风控管理制度是一种“事前防范，事中控制，事后补救”的方式。事前防范即提前预防，在管理制度上具体落实预防风控的实施意见和实施方法，并且规范管理者和员工的标准操作，从源头上远离法律风险。事中控制，即发生违规事情之后，应该积极进行处理，通过合法有效的途径，与对方达成和解，并消除负面影响。事后补救，即违法事实已定，或者已经败诉并进入理赔善后阶段时，企业更应该积极进行善后、赔偿，挽回企业因不合法操作而造成的损失，主要是企业形象和企业价值的损失。与此同时，企业还应该与专业法律机构保持长期友好的互通关系，并邀请法律专业人员给企业进行会诊，尤其是“绩效管理”方面的会诊，并给予建设指导意见，让绩效管理合法有效。

总之，绩效管理必须要建立在合法的基础之上才能够运行。如果一个企业采取不合法、不合规、不合理的绩效管理方法，不仅无法给企业带来绩效，还会将企业带上不归路。

PART 5

为管理呈现改善要素的3A绩效体系

第十三章　改善要素的3A绩效体系

一、没有改善的绩效管理都是“耍流氓”

有一位企业管理专家认为：“没有改善的绩效管理都是‘耍流氓’!”这句话非常耐人寻味，并且“话糙理不糙”。绩效管理的目的是什么？提升绩效，实现企业发展，让企业股东和员工都能实现自己的理想。绩效管理只是一种管理方法，用这种管理方法搭建的体系就是绩效管理体系。3A目标管理强调绩效，但是也强调过程，这个过程不是一成不变的，而是不断改善、不断补充、不断优化的管理过程。管理者不断地复盘、萃取，让管理模式更加纯粹和高效，让员工的工作更加得心应手。现实中，偏偏有一些企业和企业管理者并没有那么做，而是生搬硬套这种模式。

有一家公司拥有1000多名员工，年营业额超过10亿元，是当地的纳税大户。这家公司老板为了进一步提升企业效益，便去了欧美等国家进行学习，并将风靡一时的KPI搬进了自己的公司。这位老板说：“员工们的身上有了绩效，相当于有了一副‘紧箍咒’。当他们完成任务的时候，我就给他们取下来!”这位老板的口气非常强硬，他打算靠KPI盘活整个企业。随后，该企业多个部门参与KPI

管理，许多部门干部向老板下军令状：不完成任务，决不罢休。

当然，这家公司同样采取了一种绩效结合奖励的策略，员工完成绩效将会得到奖励，完不成绩效也就无法拿到全额奖金。起初，员工们对KPI非常好奇，也能够接受公司的安排，并且能够完成自己的任务。员工完成绩效之后，老板也能够按时兑现自己的承诺，将奖金发放下去。随后，问题就出现了。老板不断提升绩效目标，员工却渐渐无法提升自己的斗志。有一位员工说："老板的要求太高了，即使承诺高奖金也无法完成。"还有一位员工说："虽然我们也在努力，但是我们所需要的资源却始终无法到位。"换句话说，这家企业虽然采用了KPI，但是在实施过程中，却存在很多问题。

不久之后，KPI结果出炉了，77%的员工没有完成自己的任务。公司老板非常生气，对员工进行了相应的处罚。绝大多数的员工认为："老板这么做，太不厚道了！"这位刚愎自用的老板并没有做出任何的改变，也没有对绩效管理进行阶段性的评估，而是继续强推。到最后，员工讨厌老板，更加讨厌企业的管理模式；老板则把精力放在考核结果上，而不再重视绩效的过程。员工与老板产生了矛盾，公司效益便开始下滑。

为什么说没有改善的绩效管理是"耍流氓"呢？从上面这个案例中，我们可以找出三个不合理的地方。

1. 盲目套用绩效管理

不管是KPI还是3A管理，都是一种"变量"。所谓变量，特指管理者在使用绩效管理时，需要辩证使用。比如，3A管理是否适用于当前企业的运行环境？3A管理是否需要进行相关的改造升级？如果盲目套用，就有可能会引发管理过敏现象。很显然，案例中的公司老板采取了一种

“套用”模式，而在套用过程中，并没有进行协商与论证，而是在公司内进行强推，从而带来了许多问题。

2. 过度重视绩效结果而不重视过程

前面章节中，我们在讲 KPI 存在的问题时，探讨过 KPI 失效的原因，而这个原因与管理者过度在意结果，从而忽略了过程有关。很显然，案例中的公司老板是一名刚愎自用的老板，他非常在意考核结果，为了考核而考核。与此同时，他并没有对绩效体系进行阶段性评估，而是用不合理的绩效结果对员工进行评价。员工遭受到不公平的评价后，工作积极性受到了影响，甚至自信心遭到了严重的打击。

3. 绩效结果不佳，并没有停止绩效管理工作

有一位企业管理专家说：“当一个管理方法无法给企业带来好的结果时，则说明该管理方法是失效的，因此需要及时停止应用该管理方法。”既然方法不管用，为什么还要继续使用呢？事实上，这也是一种“耍流氓”的行为。就像老师教育学生时常说的一句话：“知错就改就是好学生。”因此，企业管理者需要暂停不管用的管理办法，并对该办法进行不断调整、调试，然后再进行阶段性的“内测”。如果效果好了，就继续使用；如果效果不好，就需要丢弃。

虽然企业管理者都有自己的小算盘，希望以最小的代价换来最大的价值。但是在“换取”的过程中，管理者更要不断地对绩效管理办法进行升级，改善绩效管理过程。只有这样，才能够把企业经营好。

二、有效的绩效管理：绩效＝结果

有位企业家对绩效管理的认识非常独到，他认为：“绩效管理等于为

自己做事。”员工认真做事，想尽办法提升自己的综合能力，并提升自己的绩效。绩效提升了，也就能够换来优秀的绩效结果。绩效结果与一个人的工资收入、职位晋升息息相关。员工收入提升了，逐渐形成了责任意识和成就意识，也就会进一步回报企业。所以说，绩效管理还是一种自我管理方式，它能够给一名员工制订一个方向和目标，督促员工朝着这个方向努力奋斗。

3A 目标管理能够给企业、管理者、执行人一个共同的方向，这个方向就是“绩效结果”。有了好的绩效管理，才能有良好的结果。真正有效的绩效管理是一种“导致”结果的管理。什么又是“导致”呢？在我看来，“导致”就是一个引导的通道，这个通道具备一种良好的“电解质”的作用。只要员工能够按照既定的方式工作，就能够收获良好的效果。这个“通道”是怎么来的呢？就是企业管理者所提供的一种管理，或者说是可以有效传递“绩效”的管理。那么如何才能让绩效等于结果呢？用一个词来总结就是“改善”。

改善既是管理方式的改善，也是管理流程的改善，更是管理思维的改善。管理方式、管理流程、管理思维三者合一，就是一种管理过程的改善。3A 目标管理非常重视过程，有好的过程，通常就有好的结果。也有人质疑：“过程很好，结果很坏怎么办？”如果一个企业将有效的管理全部落实下去，但是依旧没有得到好结果，十有八九是外部原因造成的，比如市场因素、政策因素等不可抗拒的力量。企业管理者该如何用管理过程的改善让绩效等于结果呢？

首先，管理执行工作要有标准。

如今，许多企业都在进行“标准化”建设，技能有标准，沟通有标准，工作衔接有标准，工作服务有标准。但是需要提醒的是，“标准”并不是死的，而是要不断地修订，并拥有一定的“弹性”。在这样的弹性标准之下，管理者与员工都有一定的调整和适应的空间。比如，某公司生产车间内，员工按照标准去生产，标准的操作，标准的原料配伍……一切都是标准的，因此也就能够生产出标准化的产品。管理执行过程的标准，将会带来结果的标准。著名的企业管理者贾建忠认为："合理的秩序就是标准化，而标准化不仅仅是一种管理工具，更是一种思维模式与行为习惯。"企业需要这种合理的秩序，而只有合理的秩序才能够带来合理的结果。

其次，作业行为要有规范。

人们常常把标准和规范混为一谈，事实上，标准是标准，规范是规范。标准主要起到衡量与测量的作用，规范则带有命令和强制的特点，让企业管理者和员工的工作行为得到一定的约束。通常来讲，一个企业先要制订标准，然后再根据标准制订行为准则，并规范人的作业行为。比如，某公司有严格且近乎苛刻的规范准则，并将行为规范纳入绩效考核之中。在考核的作用下，公司员工能够按照既定的标准去工作。作业行为得到了规范，企业的安全生产效率也得到了提高。现实中，安全事故多半是"不规范"的职业行为导致的。

最后，管理要依靠制度。

管理是一门艺术，更是一种方法。许多企业管理者喜欢"人管人"的方式，所谓"人管人"，就是管理者运用自己的主观经验直接对员工进行管理。这种"人管人"的方式是好还是坏呢？在笔者看来，不依靠制度的"人管人"是非常盲目的。如果企业管理者戴上了有色眼镜，管人用人就会失去公平，也就会给管理带来负面影响。因此，企业管理者应该制订科学有效的管理制度。管理既要依靠"人"，又要依靠"制度"。有人问："管理能够完全依靠制度吗？"这是一个非常难以回答的问题，盲目依靠制度去管理，也会带来许多问题。如果管理者能够规范自己的行为，在规范的行为基础之上，再结合制度去管理，就会大大提升管理效率，并改善管理过程。

过程与结果是上下游的关系，如果我们把过程比喻成一条河流，结果就是河流如期注入大海。有一位企业管理者总结道："好过程才能导致好结果。在绩效管理中，没有偶然，只有必然。”

三、员工辅导改善过程的四步法

在前面的章节中已经阐明了辅导的重要性和辅导的类型，在此就不赘述了。许多企业都在进行“辅导型”管理工作，甚至把部分辅导纳入绩效考核。当然，辅导并不是一件容易的事情，它需要企业管理者严格按照相关的方式方法进行准备。通常来讲，员工辅导工作可采取“四步法”，即辅导的准备工作、辅导的具体工作、辅导的训练工作和辅导的追踪工作，具体做法如下。

第一步，辅导的准备工作。

员工辅导的方式有很多，最常见的辅导方式就是“培训上课”。管理者要为辅导课程做一些准备工作，比如备课、资料准备、PPT课件设计、制作学员手册等。另外，还要准备一间教室。

如果管理者不擅长授课，可以将授课的工作交给人力资源部门进行，并由人力资源部门安排人员授课。授课还需要准备一些工具，比如桌椅、电脑、多媒体设备、音响、教具、学习道具等。学员方面，管理者应该在开课之前以文件等形式告知员工，让参加学习的员工提前预热，并对培训辅导课程有所了解。

第二步，辅导的具体工作。

管理者开始辅导的时候，应该再次向员工强调辅导的目的和意义，并给出辅导学习的目标，然后进入具体的课程辅导阶段。辅导的时候，管理者应该加强与员工之间的沟通和互动，并采取几种方式方法：①按照标准授课法进行授课，既要传授员工知识，又要告诉员工相关技法，也就是将“授之以鱼”与“授之以渔”结合在一起；②鼓励员工提问，管理者以“提问—回答”的方式解开员工所面临的迷惑，给员工指出方向和答案；③对员工进行提问，让员工回答问题，提问主要是一种“检验”方法，用来检查员工的课程掌握程度，并针对个别问题进行个别讲解；④辅导沟通时，管理者还要放平姿态，与员工保持相同的高度和距离，保持一种亲和力，才能够让员工接受辅导。

第三步，辅导的训练工作。

有一些培训老师，他们把课程讲完了之后，拍拍屁股就走人了。只要钱赚到手，仿佛一切都与他们没有关系了。管理者进行绩效辅导工作，切莫模仿这样的行为。课程辅导完毕之后，就需要对员工进行相关方面的训练，或者鼓励员工大胆实践。员工的训练与实践应该按照相关的标准和程序进行。如果在训练与实践中，员工出了错，管理者需要及时纠正和辅导。如果员工在训练与实践中取得了良好的成绩，管理者还需要对员工进行表扬与鼓励。有人说：“鼓励与表扬是最廉价的催化剂。”阶段性训练结束之后，管理者还需要对员工进行“考试”，考试可以以笔试与技能考试两种形式呈现。

第四步，辅导的追踪工作。

考试结束之后，辅导工作仍旧没有结束。员工从训练阶段进入实际工作阶段，更容易出现问题。有一位企业管理者说：“有一些员工在学习阶段表现出很好的状态，到了岗位工作中，却无法运用相关技能解决相关问题。管理者必须像保姆和监工那样始终盯着员工，给员工提供长期的追踪和辅导工作。”另外，还有一些管理者切勿使用“秋后算账”的方式。比如，某企业对员工进行了长期绩效培训，并给员工制订了“绩效成绩 + 训练实践”的学习任务。到最后，员工并没有取得理想的成绩。管理者没有对结果进行研究，反而采取了一种“秋后算账”的方式打击员工的积极性，最后导致辅导失败。因此，管理者要采取积极的解决措施，跟踪员工的表现并记录在册，然后形成“改善”方案对员工持续进行辅导，直到员工彻底掌握要领，并将所学所得运用到实践工作中，提升自己的绩效成绩。

绩效辅导工作同样是3A目标管理中的一项重要工作，辅导的目的在于提升员工的综合能力，让员工能够按照标准、科学、正确的执行方式去工作，与企业的管理思路达成一致。绩效辅导起到了作用，员工在“执行层”的作用也就能够体现出来。“管理—执行”过程得到了改善与优化，才能够进一步提升绩效，并产生好的结果。

四、改善绩效管理的十大方法

许多管理者重视绩效结果，当结果出炉了之后，所有的“结局”也就纷纷落下帷幕了。不管是好结果还是坏结果，都会反映出过程的状态。换句话说，结果是过程的表现。为了这样的结果，管理者往往会采取奖励或者惩罚的方式。奖罚结束之后，是不是就意味着一切都结束了呢？事实上，阶段性的绩效结果仅仅是上一个阶段的绩效管理过程的表现，想要改变下一个阶段的结果，就要对上一个阶段的绩效管理进行优化和改善。从某个角度上讲，绩效管理过程比绩效结果更加重要，绩效管理50%以上的工作量都集中在“管理—执行”的过程中。企业管理者想要改善绩效管理过程，需要掌握一定的方法。笔者在推广并开展3A目标管理活动期间，发现并总结了十大方法，这些方法具备一定的作用，企业管理者们可以借鉴并尝试使用。

1. 提升员工的综合能力

绩效是一种能力的展示，许多员工的绩效迟迟得不到提高，原因很简单：综合能力不达标。想要解决这个问题，企业相关部门需要搭建培训教育平台，对员工进行有效的、有针对性的培训。员工的综合能力得到了提高，适应岗位的能力也会得到加强，绩效成绩也会随之提升。另外，搭建教育培训平台，也是企业创造并储备人才的一种方式。

2. 加强团队精神建设

当今时代已经不是单打独斗的时代，而是一个团队共同作战的时代。在这样的时代背景下，员工需要拥有团队精神，发挥团队力量，才能够把事情做好。许多企业分解的绩效，并非只有个人绩效，还有部门绩效。在一个部门里，员工们需要共同努力才能够完成企业下分的绩效任务。如果该部门有强大的团队凝聚力，就能够创造出好成绩。

3. 削减无效的活动

有一些企业非常喜欢组织各种各样的活动，比如纪律周、消防周之类的活动。但是许多活动与绩效管理活动并没有直接的关系，甚至还会消耗管理者和员工的工作精力。换句话说，这些活动不仅无法帮助员工提升绩效，而且还会拖绩效管理的后腿。对于这些活动，管理者要想方设法去削减、融合，给员工足够的经历抓岗位执行的工作。

4. 改变原有的工作方式

如果企业的绩效成绩迟迟提不上来，员工也没有明显的工作失误，恐怕只有改变原有的工作方式才能够提高绩效。有一位企业管理者说："企业负责人应该鼓励员工们去创新工作方式，打破传统的、落后的工作方法。只要对执行有力的方式，都可以去尝试。"

5. 对原有的设备进行升级

对于那些依赖于设备生产的企业而言，给设备升级，将会直接提高劳动绩效。现实中，有一些企业总是从"节支"方面去考虑，或者想尽办法依靠延长员工的工作时间来提高产量，这些方式都是不可取的。最好的办法就是，对原有的设备进行技术改进或者在自身条件允许的情况下引进新设备。

6. 改变原有的管理方法

有时候，绩效无法提升，并不是员工不努力，有可能是管理方法出了问题。比如，某企业在分析管理过程时发现，导致员工低绩效的原因在于“层层审批”的流程和“级级授权”的模式。一名员工跑断了腿，或许还没有把流程办完。因此，企业需要对现行的管理方法进行诊断，然后进行改进或者改变。

7. 借鉴行业内的优良经验

俗话说：“学习并借鉴优秀者，可以快速提升自己的本领。”当一家企业绩效无法继续提升的时候，说明该企业的管理遭遇了瓶颈。想要打破瓶颈，就需要寻找、借鉴同行更好的经验。许多企业管理者为了提升管理，往往以学者的身份去业内优秀企业学习，通过学习掌握并引进更好的管理方法来提升管理质量。

8. 组织开展“合理化建议”活动

有些管理者把自己当成大脑，把员工当成腿脚。事实上，员工也有大脑，也许企业内部也藏着诸葛亮。管理者应该让员工参与绩效管理的设计，监督管理执行的过程，组织开展“合理化建议”活动，让有想法的员工多动脑子，提供自己的想法和建议。这些建议中，或许就有解决问题的那一个。

9. 管理的思维要求变

许多企业管理者常常问自己：“我的思维是不是已经过时了？”如果

一名管理者的管理意识已经落伍，他（她）所提供的决策方法和管理方法都会是落后的。因此，管理者要不断学习，开阔自己的眼界，改变自己对企业管理的认知，用另一种思维去解决问题。

10. 加大企业文化的建设

绩效是硬件，文化是软件。一个企业想要获得长足的进步和发展，需要将软件和硬件相结合。企业文化包含企业的价值观、信念、仪式等文化符号，能够给企业管理者和员工带来全新的感受。许多企业通过深耕企业文化，建立了竞争力强大的企业王国。由此可见，企业文化也能够提升绩效管理。

如果一个企业能够了解并掌握上述十大方法，也就能够打造一个科学有效的管理环境，为企业的绩效管理执行工作添砖加瓦。

五、改善绩效管理的“三步走”策略

3A 目标管理体系是一个兼容多种管理方法的体系，它囊括了人力资源管理、绩效考核管理、激励制度管理和管理经验的复盘与萃取管理等。只有这些方式方法共同参与，才能够改善绩效管理，还原管理的本质。许多企业管理者为了改善绩效管理，可谓费尽了心思，不惜财力，希望得到适用于企业发展的管理模式和执行模式，降低经营风险，提升经营效益。

南方有一家经营比较成功的企业，企业管理者采取了“精、细、实”的绩效管理模式。所谓“精”，就是精准。并不是每一个项目都需要考核，关键指标的选取是非常有意义的。因此，管理者要“精准”选择核心指标进行考核，与企业效益关联不大的“目标”完全可以通过其他方式去管理或者完成。所谓“细”，就是细致，注重细节。如果一个企业注重管理过程中的各个细节，防微杜渐，就会大大降低经营风险，从细节上取胜。另外，细节能够体现优势，而绩效管理需要挖掘出这种“优势”才能够提升效益。所谓“实”，就是落到实处，即企业有企业的总体指标，员工有分解落实的岗位指标，指标落到实处，员工的任务得到了分解，企业的绩效才能够得到改善。

除了“精、细、实”之外，企业管理者还应该坚持改善绩效管理的“三步走”策略。

第一步，复盘并萃取经验。

在这里，我们需要补充一个名词：复盘。复盘是围棋博弈的一个术语，棋手在比赛暂停期间对上一盘棋进行复盘、思考，可以总结自己，找出对手的破绽，从而选择新战术去应对第二局比赛。

如今，许多企业都在利用复盘解决问题，联想集团甚至把复盘当作一种“核心价值观”。联想集团董事长柳传志说：“在这些年的管理工作和自我成长中，复盘是最令我受益的工具之一。在奔忙行走的日日夜夜，从不回头观望自己和同行人的职场人，有可能连前方道路是否正确这最基本的方向感都会丧失。”复盘到底是什么呢？复盘主要有三个作用：总结经验教训、改进措施并达成共识、建立沟通机制和模块升级机制。通常来讲，复盘可以按照“四步法”开展工作：①回顾目标。企业的目标是什么？计划是什么？如何制订措施？对照问题，对目标或者总体指标进行回顾，切勿忘记企业的“初心”。②结果评估。通常来讲，复盘工作是在上一个考核阶段结束后与下一个考核阶段开始前进行的。复盘需要在回顾目标之后对阶段性的结果做出正确评价，并形成问题，比如措施是否有效，差距在哪等。③分析原因。结果评估过程中，企业管理者能够找到一些问题，并对这些问题进行“一对一”式的解决。④改进并实施。问题找到之后，管理者就需要对绩效过程进行改善，然后形成实践。

对于一个企业而言，管理就意味着一场和自己的较量。当一个阶段的绩效考核结束之后，无论结果好坏，都需要对上一阶段的成绩进行复盘。管理者搭建复盘模式，与员工一起进行复盘，通过复盘找出上个阶段存在的问题，并建立问题解决模型。

问题解决模型形成之后，管理者还需要邀请员工或部门负责人进行“项目问题”的攻坚工作。这个工作可以建立“经验”萃取模型，通过经验萃取的方法找到解决问题的办法。经验找到了，管理者还需要将萃取出的经验进行转化，让员工把经验转化为实际行动方案。通过这样的方式，企业也就能够提升管理与执行的效力了。

第二步，明确标准，突出差异。

许多企业管理不灵的主要原因是没有标准，或者标准不清晰。明确标准，也是优化绩效管理的一种方式。比如，针对企业产品营销，某企业明确了客户沟通标准、市场调查标准、客户走访维护标准、售后服务标准等。标准明确了，员工的岗位工作也就变得清晰明朗了。

除此之外还要突出差异，企业并不能用一个指标考核所有的岗位和所有的员工，这本身就是一种不公平。比如，某企业根据销售片区的市场状况，给每一个区域制订了不同的销售指标。这种差异化的指标不仅能够体现公平、公正、科学，而且还可以防止企业内部的恶性竞争，促进企业各部门之间的良性互动。差异化的绩效管理是一种人性化的绩效管理方式，能让员工保持良好的工作状态，从而确保工作绩效的完成质量。

第三步，层层把关，形成联动责任。

层层把关并不是设置障碍，而是形成一种流程，对管理执行工作进行检查。比如，南方某 OEM（原始设备制造商）公司，为了提高代加工的质量和绩效，采取了一种“流程化”的检查方式。检查工作由相关部门去完成，因此不占用企业的管理资源和执行资源。

另外，层层把关可以有效降低出错率。有一个企业通过层层质检的方式，将原来0.5%的出错率降到了0.2%，大大提高了劳动绩效和企业效益。与此同时，这样的检查和把关还能够形成一种联动责任，提升岗位职责。岗位执行人为了减少错误而更加细致工作；检查部门也会与相关岗位形成一种“联动责任制”，让双方共同肩负绩效执行的使命。

如果一个企业能够坚持以上三个方面的工作，就能够改善绩效管理的过程。有一位企业管理专家认为：“管理并非是一成不变的，而是处于不断的变化与改进之中。如果一个企业能够不断地优化和改进绩效管理的过程，也就能够收获绩效，形成‘管理—执行’的联合责任制。”

六、绩效记录：STAR 关键事件法

在绩效管理体系中，企业管理者还需要做两件比较重要的事情：绩效观察和绩效记录。绩效观察常常指管理者或者负责考核的人员对绩效管理与考核的过程进行观察，从中发现问题。比如，某企业管理者通过观察发现，员工在执行任务的过程中往往采取“先斩后奏”的方式，一旦出了错误，便无法合理解决，通常会选择“瞒报”应对。后来，这位管理者启动了“直线汇报”系统，员工在“关键问题”上需要直线请示，得到授权后再处理。通过这种方式，该企业大大降低了执行错误，提高了绩效。还有一些企业用“观察”的方式来监督。有一位企业管理者说：“如果员工们知道管理者始终在观察他们，他们将会打起精神，提高注意力和能动性。”总之，绩效观察是非常重要的一项工作，它能够帮助企业及时找到问题并纠正问题，在管理执行过程中，加大对绩效工作的管控。绩效记录与绩效观察互为上下关系。一般而言，管理者在观察绩效的时候，也会将发现的问题记录下来，形成档案和数据。

绩效记录都包括哪些方面的内容呢？通常来讲，有五个方面的内容

需要记录：①关键事件的相关数据。什么是关键事件呢？关键事件特指关乎企业核心利益的事件和经营活动，企业管理者可以采取STAR关键事件法进行记录。②绩效改善的相关内容。记录该内容的目的在于“前后对比”，形成对比数据，从而确认优化改善后的效果。③绩效不佳的相关数据。导致绩效不佳的原因都有哪些呢？想要解决这个问题，就需要将关键数据和关键内容记录下来。④员工的评价，员工获得的表扬与批评次数，也要记录下来，用于总结考核和选人评估。⑤绩效工作进度，管理者通过记录的方式了解绩效任务的完成情况，以便于决策安排和任务布置。在上述五个内容中，关键事件是最需要记录的内容。因此，企业管理者或绩效考核人员需要掌握STAR关键事件法的使用方法，并完成绩效记录工作。

STAR关键事件法，即Situation（处境）、Task（任务）、Action（行动）、Result（结果）四个方面。STAR法也常常运用于企业的人才招聘等领域的记录工作。

Situation（处境）。什么是处境呢？对于实施绩效管理或者3A目标管理的企业而言，所处的背景是绩效管理的背景，所发生的处境就是管理者与员工该如何进行绩效管理或者3A目标管理的工作，比如，如何准备绩效管理、如何进行资源安排、如何实施过程。所以，管理者记录关键事件的时候，也一定从事情的“处境”出发，然后再进行相关内容的记录。

Task（任务）。什么是任务呢？对于关键事件的记录者而言，在记录关键事件的时候，首先要明确自己的角色，比如，记录员的角色或者关键问题解决员的角色。明确了自己的角色后，再进行记录任务的安排和设置。管理者或者绩效负责人在记录的时候，还需要弄清绩效管理中的每一名角色的任务。只有了解每一名员工的身份、角色、绩效目标、相关责任，才能够进行有目的、有根据的记录，才能够形成有价值的绩效记录档案。

Action（行动）。什么是行动呢？通常来讲，企业的绩效管理和绩效执行都有一个“推动力”。另外，员工在事件执行中的行为也都有一个“推动力”，而这个“推动力”是引发问题和事件的“源头”。如果管理者或者绩效考核负责人能够找到该源头，就需要及时记录下来，形成一种“关键问题”的数据和档案，为今后的改善、修正工作提供可靠的依据。

Result（结果）。这个结果特指绩效结果，或者关键事件的结果。既然3A目标管理是一种以结果为导向的管理方式，关键事件的结果记录是非常重要的、结论性的内容，必须要形成文字记录下来。关键事件的结果是什么？程度是怎样的？如何导致的？哪些人参与才导致了这样的结果？只有把结果记录下来，才能够还原整个事件的真相。

如果企业管理者或者绩效负责人了解并能够掌握STAR关键事件法的使用方法，也就能够完成绩效记录的工作。绩效记录可以辅助企业管理者查找问题，建立问题模型，开展复盘和萃取工作，甚至实现对关键事件的调查工作。绩效记录是一项日常工作，并不是事情发生了之后才进行记录的。因此，企业有必要形成绩效记录的制度和体系，要求企业相关组织和部门进行绩效记录，养成良好的记录习惯，为企业开展绩效管理工作提供帮助。

七、绩效管理的“提升方案”

从KPI到3A管理，我们讲得最多的内容就是如何改进和优化管理过程，让“执行”去引导“结果”。有一位企业管理者说：“管理需要不断提升、优化和改进。当过程得到了控制，好的结果也就产生了。”如今，大多数企业管理者都能够认识到这一点，不再盲目地开展KPI绩效考核工作。盲目进行结果考核，反而容易让人们忽略绩效过程的重要性。绩效管理如何才能够进一步得到提升呢？是不是坚持标准和流程去工作，就能够提升工作业绩呢？答案：不一定！

经过多年的管理实践与运用，许多企业管理者共同参与并制订了这样一套方案，这套方案是以方法的形式去呈现的，企业管理者可以参考以下几项建议来提升企业的管理方案。

1. 学习与培训

学习与培训是基础性的工作，也是提升管理方案的先决条件。部门管理者和企业员工的综合素质得到了提高，就会直接提升绩效，并且适应新管理方案的管理方式。在学习与培训环节，有几项科目是必须要学习的：①采取3A目标管理的企业进行3A目标管理方面的培训，让部门管理者和企业员工了解并掌握3A目标管理；②学习质量认证体系，质量认证体系并非由一个体系组成，它几乎包含了企业内的所有标准，掌握了标准做法，员工们才能够按照标准做事；③学习PDCA管理流程，绩效管理、目标管理等管理方式均离不开PDCA法，尤其是企业内的各部门管理者应该重点学习PDCA，并掌握它的用法；④学习相关技术，不管如何，学习与培训是企业提升管理方案的基础条件。夯实基础，才能够建立新体系。

2. 开展自我诊断

一个企业想要解决问题，首先需要了解自身。比如，一个人想要提高学习成绩，就需要了解自我，对自己进行反省和诊断，找出自己存在的问题。对于企业而言，企业的“管理诊断”活动是非常有意义和有价值的。有一位企业管理者说：“通过自我诊断，管理者才能够找到管理过程中存在的大小问题，才能够形成管理提升方案。”前面我们介绍了复盘和萃取。企业开展复盘的目的也是“自诊”。管理者应该组建部门对其他部门进行检查，企业内的各部门进行互查。通过检查与自我诊断，企业内部才能够把所有的管理问题整理出来，管理者从而对管理问题明确并制订改善目标，形成改善计划，最后再形成具体的工作，在企业内部进行落实。

3. 专项提升与全面提升

什么是专项提升呢？专项提升就是针对管理存在的明显弱项进行有针对性的提升。比如，某企业在营销方面存在较大的问题，而营销不力的原因在于传统的营销模式已经不适用当前的市场环境。因此，企业针对营销开展专项提升工作，设计并制订了新营销模式。新营销模式的出现，就代表着一种“专项提升”。

当一个企业存在着较为普遍的管理问题时，企业管理者就需要对企业进行全面提升。企业全面提升是一项非常庞大、繁杂的工作，相当于给企业做一次“大型手术”。企业管理者联合企业各部门进行自诊调查，形成薄弱环节解决方案。方案制订之后，各部门还需要按时向企业相关部门或者管理者进行汇报，让管理者了解各部门的整改提升情况。

还有一些企业将管理整改与提升工作纳入“新考核”的范畴，用考核的方式去推动企业各部门的整改活动。另外，这些企业还形成了月会制度，每个月的月底或者月初召开方案的整改提升专项会议，会议上将会集中协商并制订相关的提升方案，并将方案形成指标进行考核。对于整改不达标的部门，企业管理者还需要进行重点督导，直到该部门达到整改、提升的要求和标准。

4. 建立评价系统

通常来讲，企业通过专项提升活动与全面提升活动，将会形成一个新管理方案。但是这个新方案是否有用，还需要经过时间的验证。因此，企业管理者还需要建立评价系统，定期给新方案进行评价。如果新方案并没有体现出提升的优势和价值，管理者还需要对新方案进行整改和优化；如果新方案能够体现出提升的优势和价值，管理者还需要对新方案进行长期的观察与评估，并对新方案进行不断优化和更新。

5. 总结表彰成果

有人问："绩效管理得到了提升，新方案能够顺利实施，难道管理者不'表示'一下吗?"在我看来，管理者确实需要进行表彰工作，并积极奖励新成果的贡献者。贡献者得到了奖励，还将会对企业的绩效提升工作做出更加积极的贡献。

如果一个企业能够坚持以上五个方面的工作，就能够找到并总结出绩效管理的提升方案，成功提升企业的效益。